Yavaş Pişirme Sanatı 2023

En Lezzetli Yavaş Pişirme Tarifleri

Hüseyin Özer

içindekiler

vermutlu tavuk 10
Beyaz Şarapta Brokoli Tavuk 11
haşlanmış tavuk 12
Yeni Patatesli Bordo Tavuk 14
Provence tavuğu 15
Ananas Suyunda Tavuk Luau 16
Siyah fasulyeli Karayip tavuğu 18
şarapta horoz 19
acı biberli tavuk 21
kaşmir tavuk 23
Elma ve Havuçlu Körili Tavuk 24
Tay baharatları ile tavuk ve havuç 25
Hint köri tavuk ve sebze 26
köri baharatı 28
Karnabahar ve patates ile tavuk köri 29
Tavuk köri ve zencefil 30
Köri Zencefilli Baharat Karışımı 32
Körili tavuk ve elma 33
kuskuslu Fas tavuğu 34
Fas tavuğu ve nohut 35
Orta Doğu usulü tavuk 36
kömür tavuk 38
enginarlı tavuk 40
Tarçınlı, Limonlu ve Beyaz Peynirli Tavuk 41

İspanyol Pilavı 42
domatesli akdeniz tavuğu 43
Enginarlı Akdeniz Tavuğu 44
biberli tavuk 46
Tavuk ve Mantı 47
Sebzeli ve Makarnalı Tavuk 48
tavuk MARINARA 50
Polentalı Tavuk, Mantar ve Domates 51
mikrodalga polenta 52
tavuk cacciatore 53
Polenta ile İtalyan Fasulye ve Sebzeleri 55
Tavuk Alfredo 57
Kayısı Sırlı Poussins 59
toskana tavuğu 60
kayısı sır 62
ev türkiye 63
Patates ve Biberli Sosisler 64
Beyaz Şarapta Hindi Ragu 66
Hindi ve Yabani Pirinç 68
kayısılı hindi 69
Şili Güney Amerika Türkiye 70
hindi köfte 71
İtalyan Köfte Güveç 72
Latin Amerika Hindi ve Squash 74
hindi caciatore 75
Acı biberli sosis 76
Hindi Sosis ve Rezene Güveç 78

Füme Leblebi Yahnisi ... 79
Erişteli Ton Balığı Güveci ... 80
Limon Sos ve Kapari ile Haşlanmış Somon ... 82
Limon ve Kapari Sos ... 83
Salatalık soslu somon ekmeği ... 84
salatalık sosu ... 85
marul yaprakları üzerinde pisi balığı ... 86
Karamelize sarımsak soslu kırmızı balığı ... 87
karamelize sarımsak sosu ... 88
Ton Balığı Dolması Spagetti Kabak ... 89
Otlar ve Şarap ile Deniz Ürünleri ... 90
Rezene aromalı maymunbalığı güveci ... 92
Yeşil Soslu Balık ... 93
Mezgit balığı ve güneşte kurutulmuş domates ... 94
Makarnalı Cioppino ... 95
Füme Mezgit Balığı ... 97
Yengeç ve karides nadir ... 99
Patates ve Brokoli ile Deniz Ürünleri ... 101
levrek balığı ... 103
Snapper Güveç ... 105
kırmızı biberli pilav ... 107
Kreol balığı ... 108
morina balığı ... 110
tatlı ve ekşi Karayip somonu ... 112
Enginar ve Biber ile Kral Karides ... 114
Karides ve Bamya Güveç ... 115
Jambonlu Creole Karidesleri ... 116

Cajun Karides, Tatlı Mısır ve Fasulye 118
Karides ve Sosis Gumbo 120
Taze Domates ve Bitki Soslu Makarna 121
Kış Sebzeli Risotto 122
Porcini Risotto 123
Brokoli ve çam fıstıklı risotto 125
Risi Bisi 126
yaz sebzeli risotto 127
Mantarlı ve fesleğenli yumurtalı kek 128
Izgara Sebze Pişirme 130
katmanlı lazanya 132
Patlıcanlı Makarna Salatası 133
Baharatlı Sebze Makarna 134
peynirli kızarmış ekmek 136
Makarna ve Domates Güveç 137
dört peynirli penne 138
Dört Mevsim Sebze Güveç 139
tutum ile Şili 141
Cobbler Chili Topping ile Karışık Sebzeler 143
Sebze Güveç 145
Mercimek ile buğday meyveleri 146
Patatesli tatlı ve ekşi balkabağı 147
Cannellini ile Yabani Mantarlar 149
Bulgurlu Sebze Güveç 151
Sebzeli Sarımsaklı Mercimek 153
Baharatlı Kuskuslu Mercimek 155
baharatlı kuskus 156

Siyah Fasulye ve Sebze Güveç 157
Fasulye ve Kabak Güveç 159
Doyurucu Fasulye ve Ispanaklı Arpa 160
Tatlı Fasulye Güveç 161
Siyah Fasulye ve Ispanak Yahnisi 162
Tatlı, Baharatlı ve Baharatlı Sebzeler ve Fasulye 164
Köklü Kış Fasulyesi 166
Sebzeli Baharatlı Tofu 168
Patlıcan, Biber ve Bamya Güveç 169
Peynirli İtalyan Sebzeli Tortellini 171
Kolombiyalı Nohut 172
Arjantin sebzeleri 174
Fasulye ve Makarna Güveç 176
Közlenmiş biber ve kremalı polenta ile nohut 177
Feta aioli ile Ratatouille 179
beyaz peynirli aioli 180
Körili bamya ve kuskuslu tatlı mısır 181
sebze tajin 182
İspanyol tofu 184
kuskus ile sebze karışımı 186
Afrika Tatlı Patates Güveç 188
sarımsak baharat ezmesi 189
sebze straganofu 190
Gerçek patates püresi ile lahana yahnisi 191
kabak ve patates gulaş 193
Akçaağaç V ile Yulaf Ezmesi 195
Çok tahıllı kahvaltı gevreği 196

tıknaz elma sosu 197
Sahte hollandaise soslu enginar 198
Simüle Hollandaise Sosu 199
İtalyan Kuşkonmaz ve Beyaz Fasulye 200
Yunan Usulü Fransız Fasulyesi 201
Oryantal Fransız Fasulyesi 202
Fransız Fasulye Güveç 203
Yüce Yeşil Fasulye 204
Santa Fe Kuru Fasulye 205
Toskana Fasulyesi Fırında 206
Brezilyalı Siyah Fasulye Fırında 207
Zencefil Fırında Fasulye 208
Dijon pancarı 210
ballı pancar 211
Şekerli Brüksel Lahanası ve Frenk Soğanı 212
Şarapta Haşlanmış Lahana 213
kremalı lahana 214
Zencefilli havuç püresi 215
Karnabahar ve Rezene Püresi 216
kereviz püresi 217
Otlu Brokoli Püresi 218
Turuncu sırlı bebek havuç 219

vermutlu tavuk

Vermut her zaman bir zarafet dokunuşu getirir. Pişirme süresinin sonunda, istenirse 2 yemek kaşığı mısır unu ve 50 ml / 2 fl oz soğuk su kombinasyonu ile meyve suları koyulaştırılabilir.

8 kişilik

1,5 kg / 3 lb derisiz tavuk göğsü ve but
175 ml / 6 fl oz tavuk suyu
4 fl oz / 120 ml kuru vermut veya tavuk suyu
4 yeni patates, küp doğranmış
4 havuç, kalın dilimlenmiş
100g / 4oz mantar, yarıya veya dörde bölünmüş
1 büyük soğan, ince dilimlenmiş
2 kereviz sapı, dilimlenmiş
1 diş ezilmiş sarımsak
½ çay kaşığı kuru kekik
tuz ve taze çekilmiş karabiber, tatmak

Tuz ve biber hariç tüm malzemeleri 5,5 litrelik yavaş pişiricide birleştirin. Örtün ve 6 ila 8 saat boyunca düşük pişirin. Tuz ve karabiberle tatlandırın.

Beyaz Şarapta Brokoli Tavuk

Sarı bir yaz kabağı, bu yemekteki brokoli ile güzel bir tezat oluşturuyor, ancak yeşil kabak da aynı şekilde çalışacak. Lezzetli suyu emmek için pirinç veya İtalyan ekmeği ile servis yapın.

4 kişilik

450 gr derisiz tavuk göğsü fileto, küp doğranmış
120ml tavuk suyu
120 ml / 4 fl oz sek beyaz şarap
1 doğranmış soğan
2 büyük diş sarımsak, ezilmiş
1 defne yaprağı
1 çay kaşığı kurutulmuş kekik
1 çay kaşığı kuru kekik
175g / 6oz küçük brokoli çiçeği
175g / 6oz sarı kabak veya kabak, küp şeklinde doğranmış
tuz ve taze çekilmiş karabiber, tatmak

Yavaş pişiricide brokoli, kabak veya kabak, tuz ve karabiber dışındaki tüm malzemeleri birleştirin. Örtün ve 4 ila 5 saat yüksekte pişirin, son 20 dakika brokoli ve kabağı veya kabağı ekleyin. Defne yaprağını atın. Tuz ve karabiberle tatlandırın.

haşlanmış tavuk

Bezelye ve kırmızı dolmalık biber, zencefil, şeri ve soya suyunda kaynatılan tavukla mükemmeldir.

4 kişilik

450 gr derisiz tavuk göğsü fileto, küp doğranmış
250 ml / 8 fl oz tavuk suyu
2 doğranmış soğan
½ kırmızı dolmalık biber doğranmış
1 diş ezilmiş sarımsak
1 cm / ½ inç parça taze kök zencefil, ince rendelenmiş
150g / 5oz kar bezelyesi, dilimlenmiş
1½ yemek kaşığı mısır unu
2 yemek kaşığı kuru şeri (isteğe bağlı)
3-4 yemek kaşığı soya sosu
1-2 çay kaşığı kızarmış susam yağı
tuz ve taze çekilmiş karabiber, tatmak
350g Çin usulü yumurtalı erişte veya erişte, pişmiş, sıcak
2 frenk soğanı, dilimlenmiş

Yavaş pişiricide tavuk, et suyu, soğan, dolmalık biber, sarımsak ve zencefili birleştirin. Örtün ve 3 ila 4 saat yüksekte pişirin, son 20 dakikada kar bezelye ekleyin. 2 ila 3 dakika karıştırarak mısır unu, şeri ve soya sosu ekleyin.

Susam yağı, tuz ve karabiberle tatlandırın. Erişte üzerine yeşil soğan serpilerek servis yapın.

Yeni Patatesli Bordo Tavuk

Kırmızı şarap, tavuk ve mantarlar için iyi, güçlü bir sos yapmak için mükemmeldir. Erişte veya pirinç üzerine yeşil salata ile servis yapın.

6 için

1 tavuk, yaklaşık 2½ lbs / 1,25 kg, parçalar halinde kesilmiş
120ml tavuk suyu
120 ml / 4 fl oz Burgonya şarabı
8 oz / 225g bebek mantarı, ikiye bölünmüş
6 küçük yeni patates, yıkanmış
100g / 4oz taze soğan veya arpacık
6 frenk soğanı, dilimlenmiş
1 diş ezilmiş sarımsak
¾ çay kaşığı kuru kekik
1-2 yemek kaşığı mısır unu
2 ila 4 yemek kaşığı su
tuz ve taze çekilmiş karabiber, tatmak

Mısır unu, su, tuz ve karabiber hariç tüm malzemeleri 5,5 litrelik yavaş pişiricide birleştirin. Örtün ve 6 ila 8 saat boyunca düşük pişirin. Isıyı Yüksek seviyeye getirin ve 10 dakika pişirin. Mısır unu ve suyu ilave ederek 2-3 dakika karıştırın. Tuz ve karabiberle tatlandırın.

Provence tavuğu

Şarap, domates, bol miktarda sarımsak ve Fransız bitki kombinasyonu, yumuşak pişmiş tavuğa çok fazla lezzet verir.

4 kişilik

450 g / 1 pound derisiz tavuk göğsü filetosu, kuşbaşı (2 cm / ¾ inç)
2 14 oz / 400 gr kutu doğranmış domates
120 ml / 4 fl oz sek beyaz şarap
120ml tavuk suyu
4 patates, soyulmuş ve ince dilimlenmiş
4 diş sarımsak, ezilmiş
1½ – 2 çay kaşığı Herbes de Provence veya karışık otlar
2 yemek kaşığı mısır unu
50ml / 2 ons su
tuz ve taze çekilmiş karabiber, tatmak
süslemek için ince kıyılmış taze fesleğen

Yavaş pişiricide mısır unu, su, tuz ve karabiber dışındaki tüm malzemeleri birleştirin. Örtün ve 6 ila 8 saat boyunca düşük pişirin. Isıyı Yüksek seviyeye getirin ve 10 dakika pişirin. Mısır unu ve suyu ilave ederek 2-3 dakika karıştırın. Tuz ve karabiberle tatlandırın. Fesleğen ile cömertçe serpin.

Ananas Suyunda Tavuk Luau

Ananas suyu, tavuğa lezzetli tatlı ve ekşi bir tat verir.

6 için

700 gr derisiz tavuk göğsü fileto, küp doğranmış
120ml tavuk suyu
120 ml / 4 fl oz şekersiz ananas suyu
225g / 8oz mantar, dilimlenmiş
2 havuç, çapraz olarak kesilmiş
1 küçük kırmızı soğan, ince dilimlenmiş
1 diş ezilmiş sarımsak
2-3 yemek kaşığı pirinç veya elma sirkesi
2-3 yemek kaşığı soya sosu
2 küçük domates, ince dilimler halinde kesilmiş
100g / 4oz dondurulmuş bezelye, çözülmüş
1-2 yemek kaşığı mısır unu
2 ila 4 yemek kaşığı su
tuz ve taze çekilmiş karabiber, tatmak
100 gr pirinç, pişmiş, sıcak

Yavaş pişiricide domates, bezelye, mısır unu, su, tuz, karabiber ve pirinç dışındaki tüm malzemeleri birleştirin. Örtün ve 6 ila 8 saat kısık ateşte pişirin, son 30 dakikada domatesleri ekleyin. Bezelye ekleyin, ısıyı Yüksek seviyeye yükseltin ve 10 dakika pişirin. Mısır unu ve suyu ilave ederek 2-3 dakika karıştırın. Tuz ve karabiberle tatlandırın. Pirinç üzerine servis yapın.

Siyah fasulyeli Karayip tavuğu

Tarçın, karanfil ve rom, bu tavuk ve siyah fasulye yemeğini hayata geçiriyor.

4 kişilik

450g derisiz tavuk göğsü filetosu, ince şeritler halinde kesilmiş
250 ml / 8 fl oz tavuk suyu
400g / 14oz siyah fasulye, süzülmüş ve durulanmış olabilir
8 oz / 225 gr hazır domates sosu
1 doğranmış soğan
½ büyük yeşil dolmalık biber, doğranmış
2 diş ezilmiş sarımsak
½ çay kaşığı öğütülmüş tarçın
¼ çay kaşığı öğütülmüş karanfil
2 ila 4 yemek kaşığı hafif rom (isteğe bağlı)
tuz ve acı biber, tatmak
75g / 3oz pirinç, pişmiş, sıcak

Yavaş pişiricide rom, tuz, acı biber ve pirinç dışındaki tüm malzemeleri birleştirin. Örtün ve 4 ila 5 saat boyunca yüksek pişirin. Rom, tuz ve acı biberle tatlandırın. Pirinç üzerine servis yapın.

şarapta horoz

Fransız klasiğinin bu kolay versiyonu yavaş pişiriciler için mükemmeldir.

6 için

6 derisiz tavuk göğsü filetosu, her biri yaklaşık 100 gr, ikiye bölünmüş

120ml tavuk suyu

120 ml / 4 fl oz Burgonya şarabı

4 dilim domuz pastırması, küp şeklinde kesilmiş

3 frenk soğanı, dilimlenmiş

100g / 4oz taze soğan veya arpacık

225g / 8oz küçük mantar

6 küçük yeni patates, ikiye bölünmüş

1 diş ezilmiş sarımsak

½ çay kaşığı kuru kekik

1-2 yemek kaşığı mısır unu

2 ila 4 yemek kaşığı su

tuz ve taze çekilmiş karabiber, tatmak

Yavaş pişiricide mısır unu, su, tuz ve karabiber dışındaki tüm malzemeleri birleştirin. Örtün ve 6 ila 8 saat boyunca düşük pişirin. Isıyı Yüksek seviyeye getirin ve 10 dakika pişirin. Mısır unu ve suyu ilave ederek 2-3 dakika karıştırın. Tuz ve karabiberle tatlandırın.

acı biberli tavuk

Bu yemeği kalın ılık ekşi mayalı ekmek dilimleri ile servis edin.

4 kişilik

450g derisiz tavuk göğsü filetosu, uzunlamasına dörde bölünmüş

400g / 14oz konserve domates

120ml tavuk suyu

2 ince doğranmış soğan

2 diş ezilmiş sarımsak

1 doğranmış yeşil biber

75g / 3oz mantar, dilimlenmiş

2½ – 3 çay kaşığı kırmızı biber

1 çay kaşığı haşhaş tohumu

120ml ekşi krema

1 yemek kaşığı mısır unu

tuz ve taze çekilmiş karabiber, tatmak

275 gr erişte, pişmiş, sıcak

Yavaş pişiricide ekşi krema, mısır unu, tuz, karabiber ve erişte hariç tüm malzemeleri birleştirin. Örtün ve 6 ila 8 saat boyunca düşük pişirin. Kombine ekşi krema ve mısır unu ekleyin, 2 ila 3 dakika karıştırın. Tuz ve karabiberle tatlandırın. Erişte üzerinde servis yapın.

kaşmir tavuk

Bu doyurucu güveç, kuru üzüm ve tatlı Orta Doğu baharatlarıyla tatlandırılmıştır.

6 için

350–450 g / 12 oz – 1 lb derisiz tavuk göğsü fileto, küp doğranmış (2,5 cm / 1 inç)

2 14 oz / 400 g konserve barbunya fasulyesi, süzülmüş ve durulanmış

400 gr / 14 oz konserve erik domates

3 doğranmış soğan

½ büyük kırmızı dolmalık biber, doğranmış

2 çay kaşığı kıyılmış sarımsak

¼ çay kaşığı kıyılmış pul biber

1 çay kaşığı öğütülmüş kimyon

1 çay kaşığı öğütülmüş tarçın

50 gr / 2 ons kuru üzüm

tuz ve taze çekilmiş karabiber, tatmak

225 gr kuskus, ıslatılmış, sıcak

Yavaş pişiricide kuru üzüm, tuz, karabiber ve kuskus dışındaki tüm malzemeleri birleştirin. Örtün ve 4-5 saat yüksek ateşte pişirin, son 30 dakikada kuru üzümleri ekleyin.

Tuz ve karabiberle tatlandırın. Kuskusun üzerine servis yapın.

Elma ve Havuçlu Körili Tavuk

Elma ve kuru üzüm bu lezzetli köriye tatlılık katıyor.

4 kişilik

450 gr derisiz tavuk göğsü fileto, küp doğranmış
250 ml / 8 fl oz tavuk suyu
1 büyük havuç, dilimlenmiş
½ doğranmış soğan
2 frenk soğanı, dilimlenmiş
1 diş ezilmiş sarımsak
1-2 çay kaşığı toz köri
½ çay kaşığı öğütülmüş zencefil
1 elma, soyulmuş ve dilimlenmiş
1½ ons / 40g kuru üzüm
175 ml / 6 fl oz yarım yağlı süt
1 yemek kaşığı mısır unu
tuz ve taze çekilmiş karabiber, tatmak
75g / 3oz pirinç, pişmiş, sıcak

Yavaş pişiricide tavuk, et suyu, havuç, soğan, sarımsak ve baharatları birleştirin. Örtün ve 4-5 saat yüksek ateşte pişirin, son 30 dakikada elma ve kuru üzümleri ekleyin. Süt ve mısır unu ilave edilerek 2-3 dakika karıştırılır. Tuz ve karabiberle tatlandırın. Pirinç üzerine servis yapın.

Tay baharatları ile tavuk ve havuç

Tay fıstık sosu bulamazsanız, 1 yemek kaşığı fıstık ezmesi ve ¼ – ½ çay kaşığı ezilmiş pul biber kullanabilirsiniz.

4 kişilik

450 gr derisiz tavuk göğsü fileto, küp doğranmış
300 ml / ½ pint tavuk suyu
4 havuç, çapraz olarak dilimlenmiş
6 frenk soğanı, dilimlenmiş
2,5 cm / 1 inç parça taze kök zencefil, ince rendelenmiş
3 büyük diş sarımsak, ezilmiş
1 yemek kaşığı soya sosu
1 yemek kaşığı Tay fıstık sosu
1 çay kaşığı şeker
½ – 1 çay kaşığı kızarmış susam yağı
tuz ve taze çekilmiş karabiber, tatmak
75g / 3oz pirinç, pişmiş, sıcak

Yavaş pişiricide susam yağı, tuz, karabiber ve pirinç dışındaki tüm malzemeleri birleştirin. Örtün ve 3 ila 4 saat yüksek ateşte pişirin. Susam yağı, tuz ve karabiberle tatlandırın. Pirinç üzerine servis yapın.

Hint köri tavuk ve sebze

Köri çeşnisindeki baharatların karışımı bu yemeğe eşsiz bir tat verir.

6 için

450g derisiz tavuk göğsü filetosu, uzunlamasına dörde bölünmüş

175 ml / 6 fl oz sebze suyu

175 ml / 6 fl oz hindistan cevizi sütü

400 gr / 14 oz konserve doğranmış domates

175g / 6oz domates püresi

225g / 8oz mantar, iri kıyılmış

175 gr / 6 ons patates, küp doğranmış

1 büyük havuç, dilimlenmiş

100g / 4oz küçük karnabahar çiçeği

150g / 5oz Fransız fasulyesi, kısa parçalar halinde kesilmiş

2 ince doğranmış soğan

2 yemek kaşığı beyaz şarap sirkesi

2 yemek kaşığı esmer şeker

1-2 yemek kaşığı köri baharatı

100g / 4oz bamya, ayıklanmış ve kısa parçalar halinde kesilmiş *tatmak için tuz*

3 oz / 75g kahverengi pirinç, pişmiş, sıcak

Bamya, tuz ve pirinç dışındaki tüm malzemeleri 5,5 litrelik yavaş pişiricide birleştirin. Örtün ve 6 ila 8 saat kısık ateşte pişirin, son 30 dakikada bamya ekleyin. Tuzla tatlandırın. Pirinçle servis yapın.

köri baharatı

Kendinizinkini yapmak varken neden mağazadan satın alınan köri tozunu kullanasınız?

6 için

2 çay kaşığı öğütülmüş kişniş
1 çay kaşığı öğütülmüş zerdeçal
1 çay kaşığı pul biber
½ çay kaşığı öğütülmüş kimyon
½ çay kaşığı kuru hardal tozu
½ çay kaşığı öğütülmüş zencefil
½ çay kaşığı karabiber

Tüm malzemeleri birleştirin.

Karnabahar ve patates ile tavuk köri

Bu yemeği baharatlandıran kokulu köriyi yapmak için çeşitli baharatlar bir araya geliyor.

4 kişilik

350–450 gr / 12 ons – 1 lb derisiz tavuk göğsü filetosu, kuşbaşı

250 ml / 8 fl oz tavuk suyu

½ küçük karnabahar, çiçeklerine ayrılmış

2 adet küp patates

2 havuç, kalın dilimlenmiş

1 büyük domates, doğranmış

1 doğranmış soğan

2 diş sarımsak

¾ çay kaşığı öğütülmüş zerdeçal

½ çay kaşığı kuru hardal tozu

½ çay kaşığı öğütülmüş kimyon

½ çay kaşığı öğütülmüş kişniş

1-2 yemek kaşığı limon suyu

tuz ve acı biber, tatmak

Yavaş pişiricide limon suyu, tuz ve acı biber dışındaki tüm malzemeleri birleştirin. Örtün ve 5-6 saat kısık ateşte pişirin. Limon suyu, tuz ve acı biberle tatlandırın.

Tavuk köri ve zencefil

Bu tavuk yemeği, lezzetli bir köri ve baharatlı zencefil karışımı ile tatlandırılır.

10 kişilik

2 tavuk, her biri yaklaşık 1,25 kg, parçalar halinde kesilmiş

375 ml / 13 fl oz tavuk suyu

4 doğranmış soğan

200g / 7oz domates, soyulmuş, çekirdekleri çıkarılmış ve doğranmış

2 diş ezilmiş sarımsak

Köri Zencefilli Baharat Karışımı (aşağıya bakınız)

175g / 6oz dondurulmuş bezelye, çözülmüş

15g / ½ ons taze kişniş, doğranmış

250 ml / 8 fl oz ekşi krema

2 yemek kaşığı mısır unu

tuz ve taze çekilmiş karabiber, tatmak

100 gr pirinç, pişmiş, sıcak

Tavuk, et suyu, soğan, domates, sarımsak ve zencefil-köri baharat karışımını 5,5 litrelik yavaş pişiricide birleştirin. Örtün ve 6 ila 8 saat kısık ateşte pişirin, son 20 dakikada bezelye ekleyin. 2 ila 3 dakika karıştırarak kişniş ve kombine ekşi krema ve mısır unu ekleyin. Tuz ve karabiberle tatlandırın. Pirinç üzerine servis yapın.

Köri Zencefilli Baharat Karışımı

Bu birkaç gün devam edecek.

10 kişilik

5 cm/2 taze kök zencefil, ince rendelenmiş
1 yemek kaşığı susam
2 çay kaşığı kişniş tohumu
1 çay kaşığı kimyon tohumu
1 çay kaşığı öğütülmüş zerdeçal
1 çay kaşığı tuz
¼ çay kaşığı karabiber
¼ çay kaşığı rezene tohumu
¼ çay kaşığı kıyılmış pul biber

Tüm malzemeleri bir baharat öğütücü veya mutfak robotunda ince bir şekilde öğütülene kadar işleyin.

Körili tavuk ve elma

Elma ve zencefil aromaları bu tavuk yemeğine hoş bir sıcak tatlılık verir. Ispanaklı Pilav ile servis yapın.

6 için

700 g / 1½ lb derisiz tavuk göğsü filetosu, ikiye veya dörde bölünmüş

375 ml / 13 fl oz tavuk suyu

2 doğranmış soğan

2 büyük havuç, dilimlenmiş

1 diş ezilmiş sarımsak

1½ yemek kaşığı köri tozu

1 çay kaşığı öğütülmüş zencefil

1 küçük pişirme elma, soyulmuş ve dilimlenmiş

250 ml / 8 fl oz ekşi krema

2 yemek kaşığı mısır unu

tuz ve taze çekilmiş karabiber, tatmak

Yavaş pişiricide elma, ekşi krema, mısır unu, tuz ve biber hariç tüm malzemeleri birleştirin. Örtün ve 5-6 saat kısık ateşte pişirin, son 30 dakikada elmayı ekleyin. Kombine ekşi krema ve mısır unu ekleyin, 2 ila 3 dakika karıştırın. Tuz ve karabiberle tatlandırın.

kuskuslu Fas tavuğu

Bu baharatlı ve meyvemsi güveçle damağınızı şenlendirin.

4 kişilik

450 g / 1 pound derisiz tavuk göğsü filetosu, kuşbaşı (2 cm / ¾ inç)
2 14 oz / 400 gr kutu domates
½ soğan ince kıyılmış
2 diş ezilmiş sarımsak
½ çay kaşığı öğütülmüş tarçın
½ çay kaşığı öğütülmüş kişniş
¼ çay kaşığı kıyılmış pul biber
75g / 3oz yemeye hazır kuru kayısı, dörde bölünmüş
75g / 3oz kuş üzümü
½ çay kaşığı kimyon tohumu, hafifçe ezilmiş
tuz ve taze çekilmiş karabiber, tatmak
100 gr kuskus, ıslatılmış, sıcak

Yavaş pişiricide tuz, karabiber ve kuskus dışındaki tüm malzemeleri birleştirin. Örtün ve 3 ila 4 saat yüksek ateşte pişirin. Tuz ve karabiberle tatlandırın. Kuskusun üzerine servis yapın.

Fas tavuğu ve nohut

Bu yemek eğlendirmek için harika çünkü sekiz kişiliktir ve 8 litre/14 pint yavaş pişirici için kolayca iki katına çıkarılabilir.

8 kişilik

8 derisiz tavuk göğsü filetosu, her biri yaklaşık 4 oz / 100g, ikiye bölünmüş veya dörde bölünmüş

400 g / 14 oz konserve nohut, süzülmüş ve durulanmış

120ml tavuk suyu

2 küçük doğranmış soğan

4 diş sarımsak, ezilmiş

2 çay kaşığı öğütülmüş zencefil

1 çay kaşığı öğütülmüş zerdeçal

1 çubuk tarçın

75 gr / 3 ons kuru üzüm

2-3 yemek kaşığı limon suyu

tuz ve taze çekilmiş karabiber, tatmak

Kuru üzüm, limon suyu, tuz ve karabiber dışındaki tüm malzemeleri 5,5 litrelik yavaş pişiricide birleştirin. Örtün ve 4-5 saat yüksek ateşte pişirin, son 30 dakikada kuru üzümleri ekleyin. Tarçın çubuğunu atın. Limon suyu, tuz ve karabiberle tatlandırın.

Orta Doğu usulü tavuk

Tavuk ve nohut, kimyon, yenibahar ve karanfil ile sıcak olarak tatlandırılır ve kuskus ve kuru üzüm ile pişirilir.

4 kişilik

450 g / 1 pound derisiz tavuk göğsü fileto, küp şeklinde (2,5 cm / 1 inç)

375 ml / 13 fl oz tavuk suyu

400 g / 14 oz konserve nohut, süzülmüş ve durulanmış

400g / 14oz domates, doğranmış

2 küçük doğranmış soğan

½ büyük yeşil dolmalık biber, doğranmış

2 diş ezilmiş sarımsak

1 defne yaprağı

1½ çay kaşığı kuru kekik

1 çay kaşığı öğütülmüş kimyon

¼ çay kaşığı öğütülmüş yenibahar

175g / 6oz kuskus

1½ ons / 40g kuru üzüm

tuz ve taze çekilmiş karabiber, tatmak

Yavaş pişiricide kuskus, kuru üzüm, tuz ve karabiber dışındaki tüm malzemeleri birleştirin. Son 5 ila 10 dakikada kuskus ve kuru üzümleri ekleyerek 4 ila 5 saat boyunca üzerini örtün ve yüksek ateşte pişirin. Defne yaprağını atın. Tuz ve karabiberle tatlandırın.

kömür tavuk

Otlar ve şarapla hafifçe tatlandırılmış portakal kokulu domates sosu, tatları eritmek için yavaş pişirmeden yararlanır.

6 için

6 derisiz tavuk göğsü filetosu, her biri yaklaşık 4 oz / 100g, dörde bölünmüş

250 ml / 8 fl oz tavuk suyu

120 ml / 4 fl oz sek beyaz şarap

3 yemek kaşığı domates püresi

175g / 6oz mantar, dilimlenmiş

1 büyük havuç, dilimlenmiş

1 küçük soğan doğranmış

3 diş sarımsak, ezilmiş

2 yemek kaşığı portakal kabuğu

1 çay kaşığı kurutulmuş tarhun

1 çay kaşığı kuru kekik

1½ oz / 40g donmuş bezelye, çözülmüş

tuz ve taze çekilmiş karabiber, tatmak

350g linguine veya diğer yassı makarna, pişmiş, sıcak

Yavaş pişiricide tuz, karabiber ve makarna hariç tüm malzemeleri birleştirin. Örtün ve 4 ila 5 saat boyunca yüksek pişirin. Tuz ve karabiberle tatlandırın. Makarnanın üzerine servis yapın.

enginarlı tavuk

Bu Akdeniz esintili tavuk yemeğini tamamlamak için kırmızı biberli pilav servis edin.

4 kişilik

450 g / 1 pound derisiz tavuk göğsü fileto, küp şeklinde (2,5 cm / 1 inç)

400 gr / 14 oz konserve doğranmış domates

200g / 7oz konserve enginar kalbi, süzülmüş, dörde bölünmüş

1 doğranmış soğan

1 kereviz sapı, ince dilimlenmiş

1 çay kaşığı kurutulmuş kekik

75g / 3oz çekirdeksiz siyah zeytin, ikiye bölünmüş

tuz ve taze çekilmiş karabiber, tatmak

Yavaş pişiricide zeytin, tuz ve karabiber dışındaki tüm malzemeleri birleştirin. Örtün ve 4-5 saat yüksek ateşte pişirin, son 30 dakikada zeytinleri ekleyin. Tuz ve karabiberle tatlandırın.

Tarçınlı, Limonlu ve Beyaz Peynirli Tavuk

Tarçın, limon ve beyaz peynir, bu domates bazlı güveci Yunanistan'ın imza lezzetlerini veriyor.

4 kişilik

450 g / 1 pound derisiz tavuk göğsü filetosu, kuşbaşı (2 cm / ¾ inç)

400g / 14oz konserve domates

120ml tavuk suyu

3 konserve enginar kalbi, dörde bölünmüş

1 ince doğranmış soğan

1 yemek kaşığı limon suyu

2 diş ezilmiş sarımsak

1 çubuk tarçın

1 defne yaprağı

1-2 yemek kaşığı kuru şeri (isteğe bağlı)

tuz ve taze çekilmiş karabiber, tatmak

8 oz / 225g yumurtalı erişte, pişmiş, sıcak

1 ons / 25g beyaz peynir, ufalanmış

Yavaş pişiricide şeri, tuz, karabiber, erişte ve peynir dışındaki tüm malzemeleri birleştirin. Örtün ve 4 ila 5 saat boyunca yüksek pişirin. Tarçın çubuğunu ve defne yaprağını atın. Şeri, tuz ve karabiberle tatlandırın. Erişte üzerinde servis yapın. Beyaz peynir serpin.

İspanyol Pilavı

Safran ve şeri, arroz con pollo adı verilen bu basit İspanyol yemeğine lezzet katıyor.

6 için

450 g / 1 lb derisiz tavuk göğsü fileto, küp doğranmış (4 cm / 1½ inç)

750 ml / 1¼ pint tavuk suyu

2 doğranmış soğan

½ doğranmış yeşil biber

½ kırmızı dolmalık biber doğranmış

2 diş ezilmiş sarımsak

¼ çay kaşığı ezilmiş safran ipleri (isteğe bağlı)

8 oz / 225 g kolay pişirilen uzun taneli pirinç

1-2 yemek kaşığı kuru şeri

100g / 4oz dondurulmuş bezelye, çözülmüş

tuz ve acı biber, tatmak

Yavaş pişiricide pirinç, şeri, bezelye, tuz ve acı biber dışındaki tüm malzemeleri birleştirin. Örtün ve 5-6 saat pişirin, son 2 saat pirinci ve son 20 dakika şeri ve bezelyeyi ekleyin. Tuz ve acı biberle tatlandırın.

domatesli akdeniz tavuğu

Balzamik sirke, bu Tavuk ve Zeytin Güveçine derinlik katar. İstenirse sos güvecini mısır unu ile kalınlaştırın. Kuskus veya pirinç üzerinde servis yapın.

6 için

700 g / 1½ lb derisiz tavuk göğsü fileto, kuşbaşı (2,5 cm / 1 inç)
250 ml / 8 fl oz tavuk suyu
120ml sek beyaz şarap veya ekstra tavuk suyu
50 ml / 2 fl oz balzamik sirke
8 oz / 225g bebek mantarı, ikiye bölünmüş
6 erik domates, doğranmış
40g / 1½oz Kalamata veya ikiye bölünmüş siyah zeytin
3 diş sarımsak, ezilmiş
1 çay kaşığı kuru biberiye
1 çay kaşığı kuru kekik
tuz ve taze çekilmiş karabiber, tatmak

Yavaş pişiricide tuz ve karabiber hariç tüm malzemeleri birleştirin. Örtün ve 4 ila 5 saat boyunca yüksek pişirin. Tuz ve karabiberle tatlandırın.

Enginarlı Akdeniz Tavuğu

Bu şarap ve bitki aromalı yemeği kırmızı biberli pilav veya polenta üzerinde servis edin.

4 kişilik

450 g / 1 lb derisiz tavuk göğsü fileto, küp doğranmış (4 cm / 1½ inç)

120ml tavuk suyu

120 ml / 4 fl oz sek beyaz şarap

4 domates, dörde bölünmüş

75g / 3oz mantar, dilimlenmiş

1 doğranmış soğan

1 diş ezilmiş sarımsak

1 çay kaşığı kuru kekik

1 çay kaşığı kuru biberiye

1 çay kaşığı kurutulmuş tarhun

3 konserve enginar kalbi, süzülmüş, dörde bölünmüş

1½ ons / 40g Kalamata veya dilimlenmiş siyah zeytin

tuz ve taze çekilmiş karabiber, tatmak

1 ons / 25g beyaz peynir, ufalanmış

Yavaş pişiricide enginar göbeği, zeytin, tuz, karabiber ve beyaz peynir dışındaki tüm malzemeleri birleştirin. Son bir saatte enginar göbeği ve zeytinleri ekleyerek üzerini kapatın ve 4-5 saat yüksek ateşte pişirin. Tuz ve karabiberle tatlandırın. Her porsiyonu beyaz peynirle serpin.

biberli tavuk

Otlu Domates Kutuları, bu Toskana Güveci gibi hızlı yemekler için kullanışlıdır. Pilav veya en sevdiğiniz makarna üzerinde servis yapın.

4 kişilik

450 g / 1 pound derisiz tavuk göğsü fileto, küp şeklinde (2,5 cm / 1 inç)
400g / 14oz otlar ile doğranmış domates
2 dilimlenmiş soğan
½ kırmızı dolmalık biber, dilimlenmiş
½ yeşil dolmalık biber, dilimlenmiş
1 küçük diş sarımsak, ezilmiş
tuz ve taze çekilmiş karabiber, tatmak
4 yemek kaşığı taze rendelenmiş Parmesan peyniri

Yavaş pişiricide tuz, biber ve peynir dışındaki tüm malzemeleri birleştirin. Örtün ve 4 ila 5 saat boyunca yüksek pişirin. Tuz ve karabiberle tatlandırın. Her porsiyonu Parmesan peyniri ile serpin.

Tavuk ve Mantı

Barbunya fasulyesi, bu sarımsaklı güveçte tavuk ve mantıya alışılmadık bir katkıdır.

4 kişilik

450g derisiz tavuk göğsü filetosu, uzunlamasına dörde bölünmüş

2 14 oz / 400 g konserve barbunya fasulyesi, süzülmüş ve durulanmış

400 gr / 14 oz konserve doğranmış domates

120ml tavuk suyu

2 küçük doğranmış soğan

4 diş sarımsak, ezilmiş

½ çay kaşığı kuru kekik

5 oz / 150g taze güneşte kurutulmuş domatesli ravioli, pişmiş, sıcak

tuz ve taze çekilmiş karabiber, tatmak

Mantı, tuz ve karabiber dışındaki tüm malzemeleri yavaş ocakta birleştirin. Kapağını kapatıp 4-5 saat yüksek ateşte pişirin, son 10 dakikada mantıyı ekleyin. Tuz ve karabiberle tatlandırın.

Sebzeli ve Makarnalı Tavuk

Güneşte kurutulmuş domates ve siyah zeytin bu renkli karışıma dünyevi bir hava katıyor.

4 kişilik

450 g / 1 pound derisiz tavuk göğsü fileto, küp şeklinde (2,5 cm / 1 inç)

400g / 14oz otlar ile doğranmış domates

175 ml / 6 fl oz tavuk suyu

1 büyük havuç, dilimlenmiş

1 doğranmış soğan

½ doğranmış yeşil biber

2 diş ezilmiş sarımsak

2 defne yaprağı

1 çay kaşığı kurutulmuş mercanköşk

3 yemek kaşığı küp doğranmış kurutulmuş domates (yağda değil)

1½ ons / 40g Kalamata veya siyah zeytin, çekirdeksiz ve ikiye bölünmüş

2 kabak veya sarı yaz kabağı, köfte gibi, küp küp doğranmış

175g / 6oz küçük brokoli çiçeği
100g / 4oz rigatoni, pişmiş, sıcak
tuz ve taze çekilmiş karabiber, tatmak

Yavaş pişiricide zeytin, kabak veya kabak, brokoli, rigatoni, tuz ve karabiber dışındaki tüm malzemeleri birleştirin. Son 20 dakikada kabak veya kabak, brokoli ve rigatoni ekleyerek kapağı kapatın ve yüksekte 4-5 saat pişirin. Defne yapraklarını atın. Tuz ve karabiberle tatlandırın.

tavuk MARINARA

Kolay bir İtalyan yemeği için bu yemeği gevrek bir salata ile eşleştirin.

4 kişilik

450 gr derisiz tavuk göğsü fileto, küp doğranmış
400 gr / 14 oz konserve doğranmış domates
120ml tavuk suyu
3 doğranmış soğan
75g / 3oz mantar, dörde bölünmüş
1 sap kereviz ince kıyılmış
1 havuç ince kıyılmış
2 diş ezilmiş sarımsak
1 çay kaşığı kurutulmuş İtalyan ot çeşnisi
1 kabak doğranmış
tuz ve taze çekilmiş karabiber, tatmak
225g / 8oz penne, pişmiş, sıcak

Yavaş pişiricide kabak, tuz, karabiber ve makarna hariç tüm malzemeleri birleştirin. Örtün ve 4-5 saat yüksek ateşte pişirin, son 20 dakikada kabağı ekleyin. Tuz ve karabiberle tatlandırın. Makarnanın üzerine servis yapın.

Polentalı Tavuk, Mantar ve Domates

Mikrodalgada polenta pişirmek hızlı ve kolaydır, ancak yavaş pişiricide de yapılabilir.

4 kişilik

450 g / 1 pound derisiz tavuk göğsü fileto, küp şeklinde (2,5 cm / 1 inç)

2 14 ons / 400 g kutu İtalyan erik domatesi, iri kıyılmış, suyu ile

8 oz / 225 gr hazır domates sosu

2 yemek kaşığı domates püresi

225g / 8oz mantar, dilimlenmiş

1 dilimlenmiş havuç

1 doğranmış soğan

2 diş ezilmiş sarımsak

1 çay kaşığı şeker

1 çay kaşığı kuru fesleğen

1 çay kaşığı kuru kekik

tuz ve taze çekilmiş karabiber, tatmak

Mikrodalga polenta (aşağıya bakınız)

Yavaş pişiricide tuz, karabiber ve Mikrodalgada Kullanılabilir Polenta hariç tüm malzemeleri birleştirin. Örtün ve 4 ila 5 saat boyunca yüksek pişirin. Tuz ve karabiberle tatlandırın. Mikrodalga polenta üzerinde servis yapın.

mikrodalga polenta

Mikrodalgada polenta yapmak çok kolaydır ve zaten yavaş pişiriciyi kullanıyorsanız çok faydalıdır.

4 kişilik

150 gr / 5 ons polenta
½ çay kaşığı tuz
750 ml / 1¼ litre su
250 ml / 8 fl oz yarım yağlı süt
1 doğranmış soğan

Tüm malzemeleri 4¼ pint / 2,5 litrelik bir cam güveçte birleştirin. Mikrodalga, üstü açık, Yüksekte 8 ila 9 dakika, pişirme süresinin yarısında atarak. Pürüzsüz olana kadar çırpın. Örtün ve 6 ila 7 dakika yüksek ateşte pişirin. Mikrodalgadan çıkarın, çırpın ve üzeri kapalı olarak 3 ila 4 dakika bekletin.

tavuk cacciatore

Zengin bir sarımsak ve kekik aromasına sahip olan bu İtalyan yemeği, geleneksel olarak avdan getirilen av hayvanları ile yapılırdı.

4 kişilik

225 gr derisiz tavuk göğsü fileto, kuşbaşı (2 cm / ¾ inç)
8 oz / 225 gr kemiksiz tavuk budu, kuşbaşı (2 cm / ¾ inç)
2 14 oz / 400 gr kutu doğranmış domates
120 ml / 4 fl oz sek kırmızı şarap veya su
225g / 8oz mantar, dörde bölünmüş
2 doğranmış soğan
1 doğranmış yeşil biber
6 diş sarımsak, ezilmiş
2 çay kaşığı kurutulmuş kekik
½ çay kaşığı sarımsak tozu
1 defne yaprağı
1-2 yemek kaşığı mısır unu
2 ila 4 yemek kaşığı su
tuz ve taze çekilmiş karabiber
225 gr erişte, pişmiş, sıcak

Yavaş ocakta mısır unu, su, tuz, karabiber ve erişte hariç tüm malzemeleri birleştirin. Örtün ve 6 ila 8 saat boyunca düşük pişirin. Isıyı Yüksek seviyeye getirin ve 10 dakika pişirin. Mısır unu ve suyu ilave ederek 2-3 dakika karıştırın. Defne yaprağını atın. Tuz ve karabiberle tatlandırın ve erişgtelerin üzerine servis yapın.

Polenta ile İtalyan Fasulye ve Sebzeleri

Bu renk karışımı makarna veya pilav üzerinde de servis edilebilir. Hindi yerine domuz sosisi de işe yarayacaktır.

6 için

10 oz / 275 gr hindi sucuğu, kılıfları çıkarılmış
yağlamak, yağlamak
400 gr / 14 oz konserve doğranmış domates
400g / 14oz konserve nohut, durulanmış ve süzülmüş
400g / 14oz kırmızı barbunya fasulyesi, durulanmış ve süzülmüş
3 doğranmış soğan
6 oz / 175g portabella mantarı, doğranmış
4 diş sarımsak, ezilmiş
1½ çay kaşığı kurutulmuş İtalyan ot çeşnisi
¼ çay kaşığı kıyılmış pul biber
350g / 12oz dilimlenmiş brokoli çiçeği ve sapları
175g / 6oz kabak, tercihen sarı veya kabak, dilimlenmiş
tuz ve taze çekilmiş karabiber
500g / 18oz adet hazırlanmış İtalyan otlu polenta veya 300g / 11oz polenta, pişmiş, sıcak

Sosisleri orta boy yağlanmış tavada kızarana kadar çatalla pul pul olacak şekilde pişirin. Brokoli, kabak veya kabak, tuz, karabiber ve polenta dışında kalan malzemeleri 5,5 litrelik yavaş pişiricide birleştirin. Son 30 dakikada brokoli ve kabağı ekleyerek kapağı kapatın ve 6 ila 8 saat kısık ateşte pişirin. Tuz ve karabiberle tatlandırın. Polenta üzerinde servis yapın.

Tavuk Alfredo

Parmesan peyniri, tavuğa kremsi bir görünüm vermek için petits pois ve kuşkonmaz sosuna dönüşür.

4 kişilik

450 g / 1 pound derisiz tavuk göğsü filetosu, kuşbaşı (2 cm / ¾ inç)
450 ml / ¾ pint tavuk suyu
2 frenk soğanı, dilimlenmiş
1 diş ezilmiş sarımsak
1 çay kaşığı kuru fesleğen
100g / 4oz kuşkonmaz, dilimlenmiş
1½ oz / 40g dondurulmuş petits pois, çözülmüş
2 yemek kaşığı mısır unu
120 ml / 4 fl oz yarım yağlı süt
1½ ons / 40g taze rendelenmiş Parmesan peyniri
tuz ve taze çekilmiş karabiber, tatmak
225 gr fettuccine veya tagliatelle, pişmiş, sıcak

Yavaş pişiricide tavuk, et suyu, yeşil soğan, sarımsak ve fesleğeni birleştirin. Örtün ve 4-5 saat yüksek ateşte pişirin, son 20 dakikada kuşkonmaz ve bezelye ekleyin. 2-3 dakika karıştırarak mısır unu ve sütü ekleyin. Peyniri ekleyin, eriyene kadar karıştırın. Tuz ve karabiberle tatlandırın. Fettuccine üzerinde servis yapın.

Kayısı Sırlı Poussins

Yumuşayana ve nemli olana kadar pişirilen poussins, bitki aşılanmış kayısı sırıyla kaplanır.

4 kişilik

2 poussin, her biri yaklaşık 550g / 1¼ lb
biberler
tuz ve taze çekilmiş karabiber
75 ml / 2½ sıvı ons tavuk suyu
kayısı sır
2 yemek kaşığı mısır unu
50ml / 2 ons su

Poussinleri kırmızı biber, tuz ve karabiber serpin. Yavaş pişiriciye koyun ve suyu ekleyin. Örtün ve bacaklar serbestçe hareket edene kadar 5½ ila 6 saat arasında düşük ateşte pişirin, pişirme sırasında Apricot Glaze ile iki ila üç kez fırçalayın. Poussinleri bir servis tabağına alın ve gevşek bir şekilde folyo ile örtün. Kalan kayısı sırını yavaş pişiriciye karıştırın. Örtün ve yüksek ateşte 10 dakika pişirin. Mısır unu ve suyu ilave ederek 2-3 dakika karıştırın. Sosu poussinlerin üzerine dökün.

toskana tavuğu

Kurutulmuş porçini mantarları, İtalyan mutfağınıza ekstra bir lezzet boyutu getirmek için dolapta saklamak için kullanışlı bir malzemedir.

6 için

250 ml / 8 fl oz kaynar tavuk suyu
1 ons / 25g kurutulmuş beyaz mantar
700 g / 1½ lb derisiz tavuk göğsü fileto, kuşbaşı (2,5 cm / 1 inç)
400g / 14oz otlar ile doğranmış domates
400g / 14oz konserve cannellini, yeşil fasulye veya kuru fasulye, süzülmüş ve durulanmış
120 ml / 4 fl oz sek beyaz şarap veya tavuk suyu
2 küçük doğranmış soğan
3 diş sarımsak, ezilmiş
2 yemek kaşığı mısır unu
50ml / 2 ons su
tuz ve taze çekilmiş karabiber, tatmak

Küçük bir kapta mantarların üzerine suyu dökün. Mantarlar yumuşayana kadar yaklaşık 10 dakika bekletin. Mantarları boşaltın. Suyu süzün ve saklayın. Mantarları dilimler halinde kesin. Yavaş pişiricide mantarları, ayrılmış et suyunu ve mısır nişastası, su, tuz ve biber hariç kalan malzemeleri birleştirin. Örtün ve 4 ila 5 saat boyunca yüksek pişirin. Mısır unu ve suyu ilave ederek 2-3 dakika karıştırın. Tuz ve karabiberle tatlandırın.

kayısı sır

Bu, kümes hayvanları ve tatlı pasta tatlılarını cilalamak ve ayrıca bir Noel pastasının üstünü badem ezmesi ile kaplamadan önce nemlendirmek için kullanılabilir.

4 kişilik

200g / 7oz kayısı reçeli
2 yemek kaşığı portakal suyu
½ portakalın ince kabuğu
½ çay kaşığı kuru kekik
½ çay kaşığı kurutulmuş biberiye

Bütün malzemeleri karıştır.

ev türkiye

Kök sebzeler, mantarlar ve bezelye ile özenle pişirilmiş hindi göğsü harika bir aile yemeği olur.

4 kişilik

12-450 g / 1 pound hindi göğsü, kuşbaşı (2 cm / ¾ inç)
400 ml / 14 fl oz tavuk suyu
1 büyük havuç, dilimlenmiş
175g / 6oz patates, soyulmamış ve küp şeklinde doğranmış
2 doğranmış soğan
100g / 4oz mantar, ikiye bölünmüş
1 çay kaşığı kuru kekik
1 çay kaşığı kereviz tohumu
100g / 4oz dondurulmuş bezelye, çözülmüş
tuz ve taze çekilmiş karabiber, tatmak

Yavaş pişiricide bezelye, tuz ve karabiber dışındaki tüm malzemeleri birleştirin. Örtün ve 6 ila 8 saat kısık ateşte pişirin, son 20 dakikada bezelye ekleyin. Tuz ve karabiberle tatlandırın.

Patates ve Biberli Sosisler

Canlı renkli dolmalık biberler bu yemeğe çekici bir görünüm ve bol miktarda lezzet verir. Füme hindi sosisi bulamazsanız, tütsülenmiş domuz eti de aynı işi görecektir.

4 kişilik

12 oz / 350g tütsülenmiş hindi sosisi, ince dilimlenmiş
175 ml / 6 fl oz tavuk suyu
700 g / 1½ lb mumsu patates, ince dilimlenmiş
1 kırmızı dolmalık biber, ince dilimlenmiş
1 yeşil dolmalık biber, ince dilimlenmiş
1 sarı dolmalık biber, ince dilimlenmiş
2 soğan, ince dilimlenmiş
25g güneşte kurutulmuş domates (yağda değil), dörde bölünmüş
1 çay kaşığı kuru kekik
1 çay kaşığı kurutulmuş mercanköşk
1-2 yemek kaşığı mısır unu
50ml / 2 ons su
tuz ve taze çekilmiş karabiber, tatmak

Yavaş pişiricide mısır unu, su, tuz ve karabiber dışındaki tüm malzemeleri birleştirin. Örtün ve 4 ila 5 saat boyunca yüksek pişirin. Mısır unu ve suyu ilave ederek 2-3 dakika karıştırın. Tuz ve karabiberle tatlandırın.

Beyaz Şarapta Hindi Ragu

Biberiye, adaçayı ve sarımsak beyaz şarap ve domatesle karıştırılarak hindi göğsü için lezzetli bir sos yapılır. Pirinç veya polenta üzerinde lezzetli.

6 için

700 g / 1½ lb hindi göğsü, kuşbaşı (2,5 cm / 1 inç)
400 g / 14 ons konserve erik domates, doğranmış, suyu ile
120 ml / 4 fl oz sek beyaz şarap
225g / 8oz mantar, dilimlenmiş
2 doğranmış soğan
1 dilimlenmiş havuç
1 kereviz sapı, dilimlenmiş
2 büyük diş sarımsak, ezilmiş
½ çay kaşığı kurutulmuş biberiye
½ çay kaşığı kurutulmuş adaçayı
1-2 yemek kaşığı mısır unu
2 ila 4 yemek kaşığı soğuk su
tuz ve taze çekilmiş karabiber, tatmak

Yavaş pişiricide mısır unu, su, tuz ve karabiber dışındaki tüm malzemeleri birleştirin. Örtün ve 6 ila 8 saat boyunca düşük pişirin. Isıyı Yüksek seviyeye getirin ve 10 dakika pişirin. Mısır unu ve suyu ilave ederek 2-3 dakika karıştırın. Tuz ve karabiberle tatlandırın.

Hindi ve Yabani Pirinç

Aslında bir ot olan yabani pirinç, kahverengi pirince göre daha belirgin bir tada sahiptir ve bu Hindi ve Sebze Güveçine doku ve lezzet verir.

4 kişilik

450 gr / 1 pound hindi göğsü, kuşbaşı
450 ml / ¾ pint tavuk suyu
1 doğranmış soğan
1 çay kaşığı kuru adaçayı
2 dilimlenmiş havuç
100g / 4oz yabani pirinç
250g / 9oz küçük brokoli çiçeği
tuz ve taze çekilmiş karabiber, tatmak

Yavaş pişiricide hindi, et suyu, soğan, adaçayı ve havuçları birleştirin. Örtün ve 6 ila 8 saat kısık ateşte pişirin, son 2 saat pirinci ve son 30 dakika brokoliyi ekleyin. Tuz ve karabiberle tatlandırın.

kayısılı hindi

Kimyon ve taze kişniş bu mis kokulu yemekte kayısının lezzetini vurguluyor.

4 kişilik

450 g / 1 pound hindi göğsü, kuşbaşı (2,5 cm / 1 inç)
400 ml / 14 fl oz tavuk suyu
2 doğranmış soğan
200g / 7oz domates, doğranmış
2 diş ezilmiş sarımsak
1 çay kaşığı öğütülmüş kimyon
½ çay kaşığı öğütülmüş yenibahar
10 adet yemeye hazır kuru kayısı, dörde bölünmüş
2 yemek kaşığı mısır unu
50ml / 2 ons su
15g / ½ ons taze kişniş, doğranmış
tuz ve taze çekilmiş karabiber, tatmak
25 gr pirinç, pişmiş, sıcak

Yavaş pişiricide mısır unu, su, kişniş, tuz, karabiber ve pirinç dışındaki tüm malzemeleri birleştirin. 5 ila 6 saat kısık ateşte pişirin. Isıyı Yüksek seviyeye getirin ve 10 dakika pişirin. Mısır unu ve suyu ilave ederek 2-3 dakika karıştırın. Kişnişi ekleyin. Tuz ve karabiberle tatlandırın. Pirinç üzerine servis yapın.

Şili Güney Amerika Türkiye

Bu güveç çok baharatlı! Daha az ısı için jalapeno biberini çıkarın.

6 için

700 g / 1½ lb hindi göğsü, kuşbaşı (2,5 cm / 1 inç)
400g / 14oz acı soslu kırmızı barbunya fasulyesi
400g / 14oz konserve domates
120ml tavuk suyu
½ doğranmış yeşil biber
½ kırmızı dolmalık biber doğranmış
2 küçük doğranmış soğan
1 küçük jalapeño veya diğer orta sıcak şili, ince kıyılmış
2 diş ezilmiş sarımsak
1 yemek kaşığı pul biber
1 çay kaşığı öğütülmüş kimyon
tatmak için tuz ve taze çekilmiş karabiber

Yavaş pişiricide tuz ve karabiber hariç tüm malzemeleri birleştirin. Örtün ve 3 ila 4 saat yüksek ateşte pişirin. Tuz ve karabiberle tatlandırın.

hindi köfte

Bu köfte, yavaş pişiricide bir somun haline de getirilebilir. Talimatlar için bkz. Basit Köfte sayfa 217.

8 kişilik

700 gr kıyılmış hindi göğsü
1 ince doğranmış soğan
½ kırmızı veya yeşil dolmalık biber, ince kıyılmış
1 yumurta
120ml tavuk suyu
1¼ ons / 30g kuru galeta unu
3 yemek kaşığı biftek sosu
1 çay kaşığı kuru kekik
1 çay kaşığı tuz
½ çay kaşığı biber
120 ml / 4 fl oz biber sosu

Biber sosu hariç tüm malzemeleri bir kapta karıştırın. Karışımı yağlanmış 23 x 13 cm / 9 x 5 somun tepsisine koyun ve üzerine acı sos ekleyin. Ucu köftenin ortasına gelecek şekilde bir et termometresi yerleştirin. Kutuyu 5,5 litrelik/9½ pint yavaş pişiricide rafa yerleştirin. Örtün ve termometre 76ºC, 6 ila 7 saat kaydedene kadar düşük seviyede pişirin.

İtalyan Köfte Güveç

Bu köfte belirgin bir İtalyan dokunuşuna sahiptir ve yakında ailelerin favorisi haline gelecektir.

6 için

italyan hindi köftesi
250 ml / 8 fl oz et suyu
2 14 oz / 400 gr kutu doğranmış domates
3 havuç, kalın dilimlenmiş
100g / 4oz küçük mantar, ikiye bölünmüş
1 çay kaşığı kurutulmuş İtalyan ot çeşnisi
2 küçük kabak, dilimlenmiş
50g dondurulmuş bezelye, çözülmüş
2 yemek kaşığı mısır unu
50ml / 2 ons su
tuz ve taze çekilmiş karabiber, tatmak
350 gr erişte veya fettuccine, pişmiş, sıcak

İtalyan hindi köftesi, et suyu, domates, havuç, mantar ve otları 5,5 litrelik yavaş pişiricide köftelerin suya batırıldığından emin olarak birleştirin. Örtün ve 6 ila 8 saat kısık ateşte pişirin, son 20 dakikada kabak ve bezelye ekleyin. Isıyı Yüksek seviyeye getirin ve 10 dakika pişirin. Mısır unu ve suyu ilave ederek 2-3 dakika karıştırın. Tuz ve karabiberle tatlandırın. Erişte üzerinde servis yapın.

Latin Amerika Hindi ve Squash

Balkabagi, tatlı patates, patates ve siyah fasulyeden oluşan bu doyurucu karışımın tadını bir tutam acı biberle çıkarın. Pirinç üzerine servis yapın.

4 kişilik

450 g / 1 pound hindi göğsü, kuşbaşı (2 cm / ¾ inç)
400g / 14oz siyah fasulye, süzülmüş ve durulanmış olabilir
400 ml / 14 fl oz tavuk suyu
225g / 8oz domates püresi
350g / 12oz kabak, soyulmuş ve küp şeklinde doğranmış
175g / 6oz tatlı patates, soyulmuş ve küp şeklinde doğranmış
175g / 6oz patates, soyulmuş ve küp şeklinde doğranmış
2 doğranmış soğan
1 jalapeño veya diğer orta acı biber, ince kıyılmış
1 çay kaşığı kavrulmuş kimyon tohumu
tuz ve taze çekilmiş karabiber, tatmak
25g / 1oz kaju fıstığı, iri kıyılmış

Yavaş pişiricide tuz, karabiber ve kaju fıstığı dışındaki tüm malzemeleri birleştirin. Örtün ve 6 ila 8 saat boyunca düşük pişirin. Tuz ve karabiberle tatlandırın. Her porsiyonu kaju fıstığı serpin.

hindi caciatore

Sadece birkaç malzeme hindi göğsünü lezzetli bir yemeğe dönüştürebilir.

4 kişilik

450 gr hindi göğsü, dilimlenmiş (5 cm / 2 inç)
400g / 14oz konserve domates
75ml / 2½ ons su
2½ ons / 65g mantar, dilimlenmiş
¾ çay kaşığı kurutulmuş kekik
2 küçük kabak, küp doğranmış
tuz ve taze çekilmiş karabiber, tatmak
225g / 8oz makarna, pişmiş, sıcak

Yavaş pişiricide kabak, tuz, karabiber ve makarna hariç tüm malzemeleri birleştirin. Örtün ve 4-5 saat yüksek ateşte pişirin, son 30 dakikada kabağı ekleyin. Tuz ve karabiberle tatlandırın. Makarnanın üzerine servis yapın.

Acı biberli sosis

Bol miktarda sarımsak ve acı biber, bunu sosis pişirmenin eğlenceli bir yolu haline getirir ve isterseniz tütsülenmiş veya vejeteryan domuz sosisi ile de aynı şekilde çalışır.

4 kişilik

12-450 g / 1 pound füme hindi sosisi, dilimlenmiş (2,5 cm / 1 inç)

400 gr / 14 oz konserve doğranmış domates

250 ml / 8 fl oz tavuk suyu

2 küçük soğan, ince dilimler halinde kesilmiş

3 büyük diş sarımsak, ezilmiş

½ – 1 küçük jalapeno veya diğer orta boy sıcak şili, ince dilimlenmiş

1½ çay kaşığı kurutulmuş İtalyan ot çeşnisi

¼ çay kaşığı kıyılmış pul biber

1 kabak, boyuna ikiye bölünmüş ve kalın dilimlenmiş

100g / 4oz rigatoni, pişmiş

tuz ve taze çekilmiş karabiber, tatmak

1 ons / 25g taze rendelenmiş Parmesan peyniri

Yavaş pişiricide kabak, makarna, tuz, karabiber ve peynir dışındaki tüm malzemeleri birleştirin. Kapağını kapatıp 4-5 saat yüksek ateşte pişirin, son 20 dakikada kabak ve makarnayı ekleyin. Tuz ve karabiberle tatlandırın. Her porsiyonu Parmesan peyniri ile serpin.

Hindi Sosis ve Rezene Güveç

Bu hasat güvecinde tatlı veya baharatlı sosis tercihinizi kullanın.

4 kişilik

10 ons / 275 gr hindi sosisi, dilimlenmiş
400 gr / 14 oz konserve doğranmış domates
250 ml / 8 fl oz tavuk suyu
450g / 1 pound balkabağı, soyulmuş ve küp şeklinde doğranmış
8 küçük Brüksel lahanası, ikiye bölünmüş
1 soğan, ince dilimler halinde kesin
2 yaban havucu, dilimlenmiş
1 küçük rezene ampulü, dilimlenmiş
bir tutam ezilmiş pul biber
1 çay kaşığı kurutulmuş İtalyan ot çeşnisi
1-2 yemek kaşığı mısır unu
2 ila 4 yemek kaşığı su
tuz ve taze çekilmiş karabiber, tatmak

Yavaş pişiricide mısır unu, su, tuz ve karabiber dışındaki tüm malzemeleri birleştirin. Örtün ve 5-6 saat kısık ateşte pişirin. Isıyı Yüksek seviyeye getirin ve 10 dakika pişirin. Mısır unu ve suyu ilave ederek 2-3 dakika karıştırın. Tuz ve karabiberle tatlandırın.

Füme Leblebi Yahnisi

Füme hindi sucuğu bu güvece çok fazla lezzet katıyor. Fasulye ve sebzeler onu ekstra besleyici yapar.

6 için

450 gr tütsülenmiş hindi sosisi, dilimlenmiş
2 14 oz / 400 gr kutu doğranmış domates
2 400g konserve nohut, süzülmüş ve durulanmış
2 doğranmış soğan
1 yeşil biber
150g / 5oz Fransız fasulyesi, kısa parçalar halinde kesilmiş
2 diş ezilmiş sarımsak
2 çay kaşığı kurutulmuş kekik
2 adet dilimlenmiş kabak
tuz ve taze çekilmiş karabiber, tatmak

Kabak, tuz ve biber dışındaki tüm malzemeleri 5,5 litrelik yavaş pişiricide birleştirin. Örtün ve 4-5 saat yüksek ateşte pişirin, son 30 dakikada kabağı ekleyin. Tuz ve karabiberle tatlandırın.

Erişteli Ton Balığı Güveci

İşte kolay ve lezzetli bir temel oluşturmak için konserve çorba ile en iyi rahat yemek. Hazırlanırken erişteleri fazla pişirmemeye dikkat edin.

6 için

11 oz / 300 g konserve Mantar Kreması Kreması
175 ml / 6 fl oz yarım yağlı süt
120ml mayonez
100g / 4oz rendelenmiş peynir
½ kereviz sapı, doğranmış
½ küçük yeşil dolmalık biber, doğranmış
1 küçük soğan ince doğranmış
tuz ve taze çekilmiş karabiber
6 oz / 175g orta boy yumurtalı erişte, al dente pişmiş
2 200g / 7oz konserve ton balığı, süzülmüş
50g dondurulmuş bezelye, çözülmüş
1-2 yemek kaşığı tereyağ veya margarin
15g / ½ oz taze galeta unu
1¼ ons / 30g kuşbaşı badem

Yavaş pişiricide çorba, süt, mayonez, peynir, kereviz, dolmalık biber ve soğanı birleştirin. Tuz ve karabiberle tatlandırın. Erişte ve ton balığı ekleyin. Örtün ve 4-5 saat kısık ateşte pişirin, son 30 dakikada bezelye ekleyin.

Orta ateşte küçük bir tavada tereyağı veya margarini eritin. Galeta unu ve bademleri karıştırın, yaklaşık 5 dakika kızarana kadar pişirin. Ton balıklı karışımı üzerine serpin.

Limon Sos ve Kapari ile Haşlanmış Somon

Yavaş pişirme, somona ekstra nem verir, ancak aslında çok hızlı bir yemektir!

4 kişilik

120ml / 4 ons su
120 ml / 4 fl oz sek beyaz şarap
1 sarı soğan, ince dilimlenmiş
1 defne yaprağı
½ çay kaşığı tuz
4 somon filetosu, her biri yaklaşık 100g
Limon ve kapari sosu (aşağıya bakınız)

Yavaş pişiricide somon ve limon kapari sosu dışındaki tüm malzemeleri birleştirin. Örtün ve 20 dakika yüksek ateşte pişirin. Somonu ekleyin. Örtün ve somon yumuşayana ve bir çatalla pul pul dökülene kadar yaklaşık 20 dakika yüksekte pişirin. Limon Sosu ve Kapari ile servis yapın.

Limon ve Kapari Sos

Vejetaryen bir versiyon yapmak istiyorsanız sebze suyu kullanın.

4 kişilik

2-3 yemek kaşığı tereyağ veya margarin
3 yemek kaşığı un
400 ml / 14 fl oz tavuk suyu
2-3 çay kaşığı limon suyu
3 yemek kaşığı kapari
¼ çay kaşığı tuz
bir tutam beyaz biber

Tereyağı veya margarini küçük bir sos tavasında eritin. Unu ekleyin ve orta ateşte 1 dakika pişirin. Tavuk suyu ve limon suyunu çırpın. Kaynayana kadar ısıtın, koyulaşana kadar yaklaşık 1 dakika çırpın. Kapari, tuz ve karabiber ekleyin.

Salatalık soslu somon ekmeği

Konserve somonla yapılan bu ekmek her zaman favoridir ve mükemmel bir hafif öğle veya akşam yemeği olur.

4 kişilik

200g / 7oz somon konservesi, süzülmüş
50g / 2oz taze kepekli ekmek kırıntıları
2 kıyılmış frenk soğanı
50 ml / 2 fl oz süt
1 yumurta
2 yemek kaşığı limon suyu
2 yemek kaşığı kapari, durulanmış ve süzülmüş
1 yemek kaşığı kuru dereotu
½ çay kaşığı tuz
¼ çay kaşığı biber
Salatalık sosu (aşağıya bakınız)

Alüminyum kulplar yapın ve yavaş pişiriciye yerleştirin. Salatalık sosu hariç tüm malzemeleri birleştirin. Yavaş pişiricide bir somun haline getirin. Örtün ve 4 ila 5 saat kısık ateşte pişirin. Alüminyum folyo kulpları kullanarak somunu çıkarın. Kesip salatalık sosuyla servis yapın.

salatalık sosu

Serin ve ferahlatıcı bir sos.

4 kişilik

120 ml / 4 fl oz sade yoğurt
50g / 2oz salatalık, doğranmış
½ çay kaşığı dereotu
tuz ve beyaz biber, tatmak

Bütün malzemeleri karıştır.

marul yaprakları üzerinde pisi balığı

Beyaz şarapta pişirilmiş pisi balığı için bu çekici tarifi deneyin. Ayrıca morina veya berlam balığı filetolarıyla da iyi çalışır.

4 kişilik

250 ml / 8 fl oz sek beyaz şarap
8-12 büyük marul yaprağı
4 pisi balığı filetosu, her biri yaklaşık 100g
1 çay kaşığı karışık otlar veya kurutulmuş tarhun
tuz ve taze çekilmiş karabiber, tatmak
1½ ons / 40g ıspanak, ince dilimlenmiş

Şarabı yavaş pişiriciye dökün. Örtün ve 20 dakika yüksek ateşte pişirin. Marul yapraklarından büyük orta damarı, yaprakları sağlam bırakarak kesin. Yapraklar yaklaşık 30 saniye solana kadar kaynar suya batırın. İyice süzün.

Balığa otlar, tuz ve karabiber serpin ve üzerine ıspanağı serpin. Balıkları her biri için 2 ila 3 yaprak kullanarak marul yapraklarına sarın. Yavaş pişiriciye dikiş tarafları aşağı bakacak şekilde yerleştirin. Örtün ve balık yumuşayana ve bir çatalla pul pul olana kadar yaklaşık 1 saat pişirin.

Karamelize sarımsak soslu kırmızı balığı

Sarımsaklı sos, somon veya pisi balığı, morina veya mezgit balığı gibi sert etli beyaz balıklarla eşit derecede lezzetlidir.

4 kişilik

1 kırlangıç filetosu, yaklaşık 550g
tuz ve taze çekilmiş karabiber, tatmak
50-120 ml / 2-4 fl oz sebze suyu
Karamelize sarımsak sosu (aşağıya bakınız)

Yavaş pişiriciyi alüminyum folyo ile kaplayın veya alüminyum folyodan kulplar yapın. Balıkları hafifçe tuz ve karabiber serpin. Yavaş pişiriciye koyun. Et suyunu ekleyin. Örtün ve balık yumuşayana ve bir çatalla pul pul olana kadar yaklaşık 30 dakika yüksek ateşte pişirin. Balıkları alüminyum folyo kulplarla çıkarın. Karamelize sarımsak sosu ile servis yapın.

karamelize sarımsak sosu

Vejetaryen bir versiyon için sebze suyu kullanın.

4 kişilik

12 diş soyulmuş sarımsak
1-2 yemek kaşığı zeytinyağı
175 ml / 6 fl oz tavuk suyu
2 yemek kaşığı sek beyaz şarap (isteğe bağlı)
1 yemek kaşığı un
1 yemek kaşığı ince kıyılmış maydanoz
tuz ve beyaz biber, tatmak

Sarımsağı orta boy tavada yağda, üstü kapalı, orta ateşte yumuşayana kadar yaklaşık 10 dakika pişirin. Sarımsak karanfilleri altın rengi kahverengi olana kadar yaklaşık 10 dakika kısık ateşte kapağı açık olarak pişirin, ardından biraz ezin. Kombine suyu, şarabı ve unu ekleyin. Yaklaşık 1 dakika koyulaşana kadar karıştırarak kaynatın. Maydanozu ekleyin. Tuz ve karabiberle tatlandırın.

Ton Balığı Dolması Spagetti Kabak

Sonbaharda etnik pazarlarda veya organik satıcılarda spagetti kabağı arayın. Burada ton balığı ve zeytin dolgusu ile pişirilir ve servis edilmeden önce dolgu ile karıştırılır. Ayrıca kendi başına pişirebilir, ardından telleri bir çatalla kabartıp tereyağı ve otlar ile karıştırabilirsiniz.

4 kişilik

400 gr / 14 oz konserve doğranmış domates
75g / 3oz siyah zeytin, dilimlenmiş
2 200 gr / 7 oz konserve ton balığı, süzülmüş ve pul pul dökülmüş
1 çay kaşığı kurutulmuş kekik
tuz ve taze çekilmiş karabiber, tatmak
1 küçük ila orta boy spagetti kabağı, yaklaşık 2½ lbs / 1,25 kg, uzunlamasına ikiye bölünmüş ve çekirdekleri çıkarılmış
120ml / 4 ons su
1 ons / 25g taze rendelenmiş Parmesan peyniri

Domates ve sıvı, zeytin, ton balığı, kekik, tuz ve biberi birleştirin. Kabağı ikiye bölün ve yavaş pişiriciye koyun. Suyu ekleyin. Kabak yumuşayana kadar örtün ve pişirin, yüksekte

3 ila 4 saat veya düşükte 6 ila 8 saat. Kabak iplerini ton balığı karışımıyla birleştirerek bir çatalla kabartın. Parmesan peyniri serpin.

Otlar ve Şarap ile Deniz Ürünleri

Deniz tarağı, karides ve morina baştan çıkarıcı bir kombinasyon oluşturuyor. Cömert kareler halinde sıcak kavrulmuş biberli mısır ekmeği ile servis yapın.

8 kişilik

2 14 oz / 400 gr kutu domates
250 ml / 8 fl oz su
120 ml / 4 fl oz sek beyaz şarap
2 ince doğranmış soğan
4 diş sarımsak, ezilmiş
1 çay kaşığı kuru fesleğen
1 çay kaşığı kurutulmuş kekik
½ çay kaşığı öğütülmüş zerdeçal
2 defne yaprağı
450g / 1 pound morina veya mezgit veya mezgit gibi diğer beyaz balık filetosu, dilimlenmiş (2,5cm / 1 inç)
225 gr / 8 ons büyük çiğ karides, soyulmuş ve damarları çıkarılmış, dondurulmuşsa çözülmüş
8 oz / 225g deniz tarağı, büyükse ikiye bölünmüş

tuz ve taze çekilmiş karabiber, tatmak

Yavaş pişiricide deniz ürünleri, tuz ve karabiber dışındaki tüm malzemeleri birleştirin. Örtün ve 6 ila 7 saat kısık ateşte pişirin. Isıyı Yüksek'e yükseltin ve kabuklu deniz hayvanlarını 10 ila 15 dakika daha ekleyin. Defne yapraklarını atın. Tuz ve karabiberle tatlandırın.

Rezene aromalı maymunbalığı güveci

Portakal kabuğu rendesi ve rezene tohumları beyaz balığı güzel bir şekilde tamamlar.

8 kişilik

1 litre / 1¾ pint balık suyu
120 ml / 4 fl oz sek beyaz şarap
5 domates, soyulmuş ve doğranmış
1 büyük havuç, doğranmış
2 doğranmış soğan
3 diş sarımsak, ezilmiş
1 yemek kaşığı ince rendelenmiş portakal kabuğu
1 çay kaşığı rezene tohumu, hafifçe ezilmiş
Maymun balığı, morina, kırlangıç balığı veya somon balığı gibi
2 lbs / 900 g sert balık filetosu, parçalar halinde kesilmiş (4 cm / 1½ inç)
15g / ½ ons kıyılmış taze maydanoz
tuz ve taze çekilmiş karabiber, tatmak

Yavaş pişiricide balık, maydanoz, tuz ve karabiber dışındaki tüm malzemeleri birleştirin. Örtün ve 6 ila 8 saat kısık ateşte pişirin, son 15 dakikada balıkları ekleyin. Maydanozu ekleyin. Tuz ve karabiberle tatlandırın.

Yeşil Soslu Balık

Jalapeno biberi yerine başka bir çeşit orta acı biber kullanabilirsiniz.

8 kişilik

1 litre / 1¾ pint balık suyu
120 ml / 4 fl oz sek beyaz şarap
5 domates, soyulmuş ve doğranmış
1 büyük havuç, doğranmış
2 doğranmış soğan
3 diş sarımsak, ezilmiş
1 küçük jalapeno biber, çok ince kıyılmış
1 adet ince doğranmış yeşil biber
½ çay kaşığı kimyon tohumu, ezilmiş
½ çay kaşığı kurutulmuş kekik
Maymun balığı, morina, kırlangıç balığı veya somon balığı gibi 2 lbs / 900 g sert balık filetosu, parçalar halinde kesilmiş (4 cm / 1½ inç)
tuz ve taze çekilmiş karabiber, tatmak
süslemek için kıyılmış taze kişniş

Yavaş pişiricide balık, tuz ve karabiber dışındaki tüm malzemeleri birleştirin. Örtün ve 6 ila 8 saat kısık ateşte pişirin, son 15 dakikada balıkları ekleyin. Tuz ve karabiberle tatlandırın. Her porsiyonu cömertçe kıyılmış kişniş serpin.

Mezgit balığı ve güneşte kurutulmuş domates

Bu zengin domates bazlı güvece istenirse 1 yemek kaşığı süzülmüş kapari ekleyin ve polenta, makarna veya pilav üzerinde servis yapın.

4 kişilik

250 ml / 8 fl oz tavuk suyu
8 oz / 225 gr hazır domates sosu
400g / 14oz domates, doğranmış
1 büyük soğan doğranmış
½ doğranmış yeşil biber
1 doğranmış havuç
3 yemek kaşığı küp doğranmış güneşte kurutulmuş domates (yağda değil), oda sıcaklığında
1 diş ezilmiş sarımsak
1 çay kaşığı kurutulmuş mercanköşk
½ çay kaşığı kurutulmuş kekik
1 pound / 450g mezgit balığı filetosu veya diğer sert etli beyaz balık, dilimlenmiş (2,5 cm / 1 inç)

tuz ve taze çekilmiş karabiber, tatmak

Yavaş pişiricide balık, tuz ve karabiber dışındaki tüm malzemeleri birleştirin. Örtün ve 6 ila 8 saat kısık ateşte pişirin, son 10 ila 15 dakika boyunca balıkları ekleyin. Tuz ve karabiberle tatlandırın.

Makarnalı Cioppino

Bulunabilirlik ve fiyata bağlı olarak, bu California favorisi için diğer taze balık türlerini değiştirin.

6 için

120 ml / 4 fl oz balık veya tavuk suyu
120 ml / 4 fl oz sek beyaz şarap
600 gr / 1 lb 6 oz doğranmış domates
1 doğranmış yeşil biber
2 doğranmış soğan
75g / 3oz mantar, dilimlenmiş
4 diş sarımsak, ezilmiş
1 yemek kaşığı domates püresi
2 çay kaşığı kurutulmuş kekik
2 çay kaşığı kuru fesleğen
1 çay kaşığı öğütülmüş zerdeçal
8 oz / 225g deniz tarağı, büyükse ikiye bölünmüş

225 gr beyaz yengeç eti, parçalar halinde
100g / 4oz mezgit veya mezgit filetosu, kuşbaşı (2,5cm / 1 inç)
12 midye, temizlenmiş ve sakalları alınmış (dövüldüğünde açık kalanları atın)
tuz ve taze çekilmiş karabiber, tatmak
350 gr fettuccine, pişmiş, sıcak

Kabuklu deniz ürünleri, tuz, karabiber ve fettuccine hariç tüm malzemeleri 5,5 litrelik yavaş pişiricide birleştirin. Örtün ve 6 ila 8 saat kısık ateşte pişirin, son 15 dakikada kabuklu deniz hayvanlarını ekleyin. Açılmamış midyeleri atın. Tuz ve karabiberle tatlandırın. Fettuccine üzerinde servis yapın.

Füme Mezgit Balığı

Catherine Atkinson's Hafif Baharatlı Pirinç Yemeği ideal bir akşam yemeğidir ve yaklaşık bir saat içinde yemeye hazırdır.

4 kişilik

yağlamak için biraz yumuşamış tereyağı
8 fl oz / 250 ml sıcak (kaynamayan) sebze suyu
75g / 3oz kolay pişirilen uzun taneli pirinç
1 çay kaşığı toz köri
tuz ve taze çekilmiş karabiber
100g / 4oz tütsülenmiş mezgit balığı filetosu, derisi alınmış
1 çay kaşığı limon suyu
1 yemek kaşığı kıyılmış taze veya dondurulmuş frenk soğanı, kişniş veya maydanoz
1 haşlanmış yumurta, dörde bölünmüş (isteğe bağlı)
servis için sıcak tereyağlı tost parmakları

Seramik tencerenin tabanını tereyağı ile yağlayın, ardından et suyunu dökün. Pirinç ve köri tozunu ekleyin, iyice karıştırın ve biraz tuz ve karabiber ekleyin. Kapakla örtün ve yavaş pişiriciyi yükseğe çevirin. 45 dakika pişirin. Bu sırada balığı küçük parçalar halinde kesin. Limon suyunu serpin ve ardından pirinci ekleyin. 15 ila 20 dakika daha veya pirinç ve balık pişene ve et suyunun çoğu emilene kadar pişirin. Doğranmış otların çoğunu ekleyin ve sıcak bir servis tabağına dökün. Kullanıyorsanız, kalan otları serpin ve üstüne yumurta çeyrekleri ekleyin. Sıcak tereyağlı tost parmaklarıyla servis yapın.

Yengeç ve karides nadir

Taze yengeç eti kullanabilirsiniz ama ben konserve yengeç eti uygun ve çok iyi buluyorum.

6 için

225g / 8oz rendelenmiş çedar peyniri
8 oz / 225 gr yumuşak peynir, oda sıcaklığında
250 ml bira
½ çay kaşığı kuru hardal tozu
½ çay kaşığı Worcestershire veya mantar sosu
100g / 4oz yengeç eti, iri kıyılmış
acı biber, tatmak

6 dilim kızarmış çok tahıllı ekmek

12 dilim domates

18-24 pişmiş kuşkonmaz

18 adet büyük pişmiş karides

süslemek için kıyılmış taze maydanoz

Yavaş pişiricide peynir, bira, hardal ve Worcestershire sosunu birleştirin. Örtün ve peynirler eriyene kadar kısık ateşte yaklaşık 2 saat pişirin, pişirme sırasında iki kez karıştırın. Yengeç eti ekleyin ve kırmızı biberle tatlandırın. Kızarmış ekmekleri servis tabaklarına dizin. Her dilimin üzerine 2 dilim domates ve 3-4 kuşkonmaz koyun ve üzerine az pişmiş karışımı dökün. Her birinin üzerine 3 karides koyun ve maydanoz serpin.

Patates ve Brokoli ile Deniz Ürünleri

Mezgit balığı, karides ve deniz tarağı, baharatlı bir sosta patates ve brokoli ile iyi uyum sağlar. Ispanaklı Pilav ile servis yapın.

6 için

450 ml / ¾ pint balık veya tavuk suyu

500 g / 18 oz patates, soyulmuş ve küpler halinde kesilmiş (2 cm / ¾ inç)

4 doğranmış soğan

1 büyük diş sarımsak, ezilmiş

1-2 yemek kaşığı kuru şeri (isteğe bağlı)

1 defne yaprağı

½ – ¾ çay kaşığı kuru kekik

½ – ¾ çay kaşığı kuru fesleğen

¼ çay kaşığı kuru hardal tozu

350g / 12oz brokoli, küçük çiçekler halinde

175 ml / 6 fl oz yarım yağlı süt

1 yemek kaşığı mısır unu

225g / 8oz mezgit balığı veya diğer beyaz balık filetosu, kuşbaşı (4cm / 1½in)

225g / 8oz pişmiş orta boy karides, soyulmuş, donmuşsa çözülmüş

8 oz / 225g deniz tarağı, büyükse ikiye bölünmüş
2-3 çay kaşığı limon suyu
tuz ve beyaz biber, tatmak

Brokoli, süt, mısır unu, kabuklu deniz ürünleri, limon suyu, tuz ve biber dışındaki tüm malzemeleri 5,5 litrelik yavaş pişiricide birleştirin. Örtün ve 4-6 saat yüksek ateşte pişirin, son 20 dakikada brokoli ekleyin. Süt ve mısır unu ilave edilerek 2-3 dakika karıştırılır. Mezgit balığı, karides ve deniz tarağı ekleyin. Örtün ve 5 ila 10 dakika pişirin. Defne yaprağını atın. Limon suyu, tuz ve karabiberle tatlandırın.

levrek balığı

Bu güney tarzı favoriyi kavrulmuş biberli mısır ekmeği ile servis edin. Kırmızı balığı yerine herhangi bir beyaz balık filetosu kullanılabilir.

4 kişilik

400g / 14oz konserve domates
250 ml / 8 fl oz su
1 doğranmış soğan
½ doğranmış yeşil biber
1 doğranmış havuç
2 diş ezilmiş sarımsak
2-3 çay kaşığı Worcestershire sosu
100g / 4oz bamya, ayıklanmış ve parçalar halinde kesilmiş
450 gr kırmızı balığı filetosu, parçalar halinde kesilmiş (2,5 cm / 1 inç)
tuz ve acı biber, tatmak
75–175 gr / 3–6 ons pişmiş pirinç, sıcak
Tabasco sosu

Yavaş pişiricide domates, su, yeşillik, sarımsak ve Worcestershire sosunu birleştirin. Son 30 dakikada bamyayı ve son 10-15 dakikada balığı ekleyerek, üzerini kapatın ve 4-6 saat yüksek ateşte pişirin. Tuz ve acı biberle tatlandırın. Tabasco soslu pilavın üzerine servis yapın.

Snapper Güveç

Bu ABD Körfez Kıyısı favorisi, sadece bir miktar acı sıcağa sahip sağlam bir sosa sahiptir. Kırmızı biberli pilav mükemmel bir eşlikçidir.

6 için

400 gr / 14 oz konserve doğranmış domates
120 ml / 4 fl oz balık veya tavuk suyu
2-3 yemek kaşığı domates püresi
1 doğranmış soğan
½ doğranmış yeşil biber
4 frenk soğanı, dilimlenmiş
1 kereviz sapı, ince dilimlenmiş
4 diş sarımsak, ezilmiş
¾ çay kaşığı kurutulmuş kekik
1 defne yaprağı
700 g / 1½ lb kırlangıç balığı filetosu, parçalar halinde kesilmiş (5 cm / 2 inç)
tatmak için tuz ve tabasco sosu
Kırmızı biberli pilav (aşağıya bakınız)

Yavaş pişiricide balık, tuz, Tabasco sosu ve Kırmızı Biberli Pilav dışındaki tüm malzemeleri birleştirin. Örtün ve 4-5 saat yüksek ateşte pişirin, son 15 dakikada balıkları ekleyin. Defne yaprağını atın. Tuz ve Tabasco sosuyla tatlandırın. Kırmızı biberli pilavın üzerine servis yapın.

kırmızı biberli pilav

Kavanoz dolmalık biber yerine, yumuşayana kadar birkaç dakika kaynatılmış taze kırmızı dolmalık biber kullanabilirsiniz.

6 için

350g / 12oz uzun taneli pirinç
¼ çay kaşığı öğütülmüş zerdeçal
½ çay kaşığı kırmızı biber
Kavanozdan 1 adet közlenmiş kırmızı dolmalık biber, iri kıyılmış

Zerdeçalı pişirme suyuna karıştırarak pirinci paketin üzerindeki tarife göre pişirin. Pişen pilavın üzerine pul biber ve közlenmiş kırmızıbiberi ekleyin.

Kreol balığı

İyi, güçlü tatlar, bu hazırlaması kolay yemeği hafta içi bir yemek için ideal kılar. Daha da hızlı bir versiyon yapmak için turta dolguları için kuşbaşı karışık balık da kullanabilirsiniz.

4 kişilik

2 14 oz / 400 gr kutu doğranmış domates
50 ml / 2 fl oz sek beyaz şarap veya su
4 doğranmış soğan
1 doğranmış yeşil biber
1 büyük kereviz sapı, doğranmış
½ çay kaşığı kuru kekik
¼ çay kaşığı kıyılmış pul biber
2 diş ezilmiş sarımsak
2 yemek kaşığı soya sosu
1 yemek kaşığı kırmızı biber
2 defne yaprağı
450 gr / 1 pound morina filetosu, kuşbaşı
tuz ve taze çekilmiş karabiber, tatmak
75g / 3oz pirinç, pişmiş, sıcak

Yavaş pişiricide morina, tuz, karabiber ve pirinç dışındaki tüm malzemeleri birleştirin. Örtün ve 4-5 saat yüksek ateşte pişirin, son 10-15 dakikada morina ekleyin. Defne yapraklarını atın. Tuz ve karabiberle tatlandırın. Pirinç üzerine servis yapın.

morina balığı

Bir değişiklik yapmak isterseniz, bu tarifi başka herhangi bir sert beyaz balıkla deneyin.

6 için

400 gr / 14 oz konserve doğranmış domates
120 ml / 4 fl oz balık veya tavuk suyu
2-3 yemek kaşığı domates püresi
1 doğranmış soğan
½ doğranmış yeşil biber
4 frenk soğanı, dilimlenmiş
1 kereviz sapı, ince dilimlenmiş
4 diş sarımsak, ezilmiş
½ çay kaşığı kurutulmuş mercanköşk
½ çay kaşığı kekik
½ çay kaşığı kereviz tohumu
½ çay kaşığı öğütülmüş kimyon
700 g / 1½ lb morina filetosu, parçalar halinde kesilmiş (5 cm / 2 inç)
tatmak için tuz ve tabasco sosu
75–175 gr / 3–6 ons pişmiş pirinç, sıcak

Yavaş pişiricide balık, tuz, Tabasco sosu ve pirinç dışındaki tüm malzemeleri birleştirin. Örtün ve 4-5 saat yüksek ateşte pişirin, son 15 dakikada balıkları ekleyin. Tuz ve Tabasco sosuyla tatlandırın ve pilavın üzerinde servis yapın.

tatlı ve ekşi Karayip somonu

Tatlı ve ekşi tatlar, burada ananas ve fasulye artı kırmızı biber ısısıyla pişirilen somon gibi yağlı balıklarla özellikle iyi gider.

4 kişilik

400g / 14oz siyah fasulye, süzülmüş ve durulanmış olabilir

8 oz / 225 g ananas parçaları, suyu boşaltılmamış

2 soğan, iri kıyılmış

½ kırmızı dolmalık biber, dilimlenmiş

½ yeşil dolmalık biber, dilimlenmiş

4 diş sarımsak, ezilmiş

2 cm / ¾ parça taze kök zencefil, ince rendelenmiş

1 jalapeño veya diğer orta acı biber, ince kıyılmış

2-3 yemek kaşığı açık kahverengi şeker

2-3 yemek kaşığı elma sirkesi

2-3 çay kaşığı toz köri

50ml / 2 ons su

1 ½ yemek kaşığı mısır unu

450g / 1lb somon fileto, kuşbaşı (4cm / 1 ½ in)

tuz ve taze çekilmiş karabiber, tatmak

100 gr pirinç, pişmiş, sıcak

Yavaş pişiricide su, mısır nişastası, somon, tuz, karabiber ve pirinç dışındaki tüm malzemeleri birleştirin. Örtün ve 4 ila 5 saat boyunca yüksek pişirin. Kombine su ve mısır unu ekleyin, 2-3 dakika karıştırın. Somonu ekleyin. 10 ila 15 dakika pişirin. Tuz ve karabiberle tatlandırın. Pirinç üzerine servis yapın.

Enginar ve Biber ile Kral Karides

Enginar ve biber sık sık Akdeniz ortaklarıdır. Konserve enginar göbeği, bu zarif aromalı sebzeyi mutfağınıza eklemenin uygun bir yoludur.

4 kişilik

400 gr / 14 oz hazır domates sosu
400g / 14oz enginar kalbi, süzülmüş ve dörde bölünmüş
175 ml / 6 fl oz tavuk veya sebze suyu
2 soğan, ince dilimlenmiş
½ küçük kırmızı dolmalık biber, dilimlenmiş
½ küçük yeşil dolmalık biber, dilimlenmiş
1 diş ezilmiş sarımsak
350 gr / 12 ons pişmiş ve soyulmuş orta boy karides, donmuşsa çözülmüş
1-2 yemek kaşığı kuru şeri (isteğe bağlı)
tuz ve taze çekilmiş karabiber, tatmak
225g / 8oz penne, pişmiş, sıcak

Yavaş pişiricide karides, şeri, tuz, karabiber ve penne hariç tüm malzemeleri birleştirin. Örtün ve 5-6 saat kısık ateşte pişirin, son 10 dakikada karidesleri ekleyin. Şeri, tuz ve karabiberle tatlandırın. Pennenin üzerine servis yapın.

Karides ve Bamya Güveç

Bu ayrıca polenta yapmak istemiyorsanız, haşlanmış pirinçle servis etmek istemiyorsanız çok iyidir.

4 kişilik

400 gr / 14 oz hazır domates sosu
8 oz / 225g bamya, ayıklanmış ve parçalar halinde kesilmiş
175 ml / 6 fl oz tavuk veya sebze suyu
2 soğan, ince dilimlenmiş
1 diş ezilmiş sarımsak
350 gr / 12 ons pişmiş ve soyulmuş orta boy karides, donmuşsa çözülmüş
tuz ve taze çekilmiş karabiber, tatmak
polenta
süslemek için kıyılmış taze maydanoz

Yavaş pişiricide karides, tuz, biber ve polenta hariç tüm malzemeleri birleştirin. Örtün ve 5-6 saat kısık ateşte pişirin, son 10 dakikada karidesleri ekleyin. Tuz ve karabiberle tatlandırın. Polenta üzerinde servis yapın ve her porsiyona maydanoz serpin.

Jambonlu Creole Karidesleri

Çıtır jambon şeritleri ve kuru şeri, Tabasco shake ile bu karides yemeğine tamamlayıcı tatlar katıyor.

6 için

100g / 4oz yağsız jambon, ince şeritler halinde kesilmiş
1-2 yemek kaşığı zeytinyağı
2 14 oz / 400 gr kutu doğranmış domates
120ml / 4 ons su
2-3 yemek kaşığı domates püresi
1 ince doğranmış soğan
1 sap kereviz ince kıyılmış
½ kırmızı veya yeşil dolmalık biber, ince kıyılmış
3 diş sarımsak, ezilmiş
1½ lbs / 700g büyük çiğ karides, soyulmuş ve özü çıkarılmış, donmuşsa çözülmüş
2 ila 4 yemek kaşığı kuru şeri (isteğe bağlı)
¼ – ½ çay kaşığı Tabasco sosu
tuz ve taze çekilmiş karabiber, tatmak

100 gr pirinç, pişmiş, sıcak

Küçük tavada yağda jambonu orta-yüksek ateşte altın rengi kahverengi ve gevrek olana kadar 3 ila 4 dakika pişirin. Geri çekil ve rezerve et. Yavaş pişiricide domatesleri, suyu, yeşillikleri ve sarımsağı birleştirin. Son 10 dakikada ayrılmış jambon, karides, şeri ve Tabasco sosunu ekleyerek 6 ila 7 saat boyunca örtün ve düşük pişirin. Tuz ve karabiberle tatlandırın. Pirinç üzerine servis yapın.

Cajun Karides, Tatlı Mısır ve Fasulye

Barbunya fasulyesi, tatlı mısır ve süt, bunu acı biberle süslenmiş doyurucu bir yemek yapar. Kaşık Ekmek üzerinde servis yapın.

4 kişilik

400g / 14oz kırmızı barbunya fasulyesi, süzülmüş ve durulanmış

400 gr / 14 oz kutu kremalı tatlı mısır

8 fl oz / 250 ml balık veya tavuk suyu

1 ince doğranmış soğan

1 jalapeño veya diğer orta acı biber, ince kıyılmış

2 diş ezilmiş sarımsak

1 çay kaşığı kuru kekik

½ çay kaşığı kurutulmuş kekik

175g / 6oz brokoli, küçük çiçekler halinde

250 ml / 8 fl oz tam yağlı süt

2 yemek kaşığı mısır unu

350–450 gr / 12 ons – 1 pound çiğ büyük karides, soyulmuş ve damarları alınmış, donmuşsa çözülmüş

tatmak için tuz ve tabasco sosu

Yavaş pişiricide fasulye, tatlı mısır, et suyu, soğan, şili, sarımsak ve otları birleştirin. Örtün ve 6 ila 7 saat kısık ateşte pişirin, son 20 dakikada brokoli ekleyin. Süt ve mısır unu ilave edilerek 2-3 dakika karıştırılır. Karidesleri ekleyin. 5 ila 10 dakika pişirin. Tuz ve Tabasco sosuyla tatlandırın.

Karides ve Sosis Gumbo

Bamya, bamyayı kalınlaştırır ve ona belirgin bir Creole aroması verir.

4 kişilik

2 14 oz / 400 gr kutu domates
100g / 4oz tütsülenmiş sosis, kalın dilim
1 büyük kırmızı dolmalık biber, ince doğranmış
1 diş ezilmiş sarımsak
bir tutam ezilmiş pul biber
225g / 8oz bamya, kesilmiş ve dilimlenmiş
350 gr / 12 ons pişmiş ve soyulmuş orta boy karides, donmuşsa çözülmüş
tatmak için tuz
75g / 3oz pirinç, pişmiş, sıcak

Yavaş ocakta bamya, karides, tuz ve pirinç hariç tüm malzemeleri birleştirin. Kapağını kapatıp 6-7 saat kısık ateşte pişirin, son 30 dakika bamyayı, son 10 dakika karidesleri ekleyin. Tuzla tatlandırın. Pirinç üzerine servis yapın.

Taze Domates ve Bitki Soslu Makarna

Yerel veya evde yetiştirilen domatesler olgunluğun zirvesindeyken bu yemeğin tadını çıkarın.

6 için

1 kg / 2¼ lb domates, doğranmış
1 ince doğranmış soğan
120 ml / 4 fl oz sek kırmızı şarap veya su
2 yemek kaşığı domates püresi
6 büyük diş sarımsak, ezilmiş
1 kaşık şeker
2 defne yaprağı
2 çay kaşığı kuru fesleğen
1 çay kaşığı kuru kekik
bir tutam ezilmiş pul biber
tatmak için tuz
350g / 12oz düz veya şekilli makarna, pişmiş, sıcak

Yavaş pişiricide tuz ve makarna hariç tüm malzemeleri birleştirin. Örtün ve 6 ila 7 saat kısık ateşte pişirin. Daha koyu bir kıvam tercih ederseniz, son 30 dakika boyunca Yüksek derecede üstü açık olarak pişirin. Tuzla tatlandırın ve sosu makarnanın üzerine servis edin.

Kış Sebzeli Risotto

Arborio pirinci, İtalya'nın Arborio bölgesinde yetişen kısa taneli bir pirinçtir. Harika bir krema kıvamında piştiği için özellikle risotto yapmak için uygundur.

4 kişilik

750ml / 1¼ pint sebze suyu
1 küçük soğan doğranmış
3 diş sarımsak, ezilmiş
3 oz / 75g kahverengi veya düğme mantar, dilimlenmiş
1 çay kaşığı kuru biberiye
1 çay kaşığı kuru kekik
350g / 12oz arborio pirinci
100g / 4oz küçük Brüksel lahanası, ikiye bölünmüş
175g / 6oz tatlı patates, soyulmuş ve küp şeklinde doğranmış
1 ons / 25g taze rendelenmiş Parmesan peyniri
tuz ve taze çekilmiş karabiber, tatmak

Et suyunu küçük bir tencerede kaynatın. Yavaş pişiriciye dökün. Parmesan peyniri, tuz ve karabiber hariç diğer malzemeleri ekleyin. Örtün ve pirinç al dente olana ve sıvı neredeyse emilene kadar yaklaşık 1¼ saat yüksek ateşte pişirin (pirincin fazla pişmemesi için dikkatlice izleyin). Peyniri ekleyin. Tuz ve karabiberle tatlandırın.

Porcini Risotto

Kurutulmuş porçini mantarı, bakkal dolabında çok faydalı bir kaynaktır. Yıllarca dayanırlar, çok az yer kaplarlar ve demlendiklerinde tam lezzetlerini kısa sürede geri kazanırlar.

4 kişilik

¼ ons / 10g kurutulmuş porcini veya diğer kurutulmuş mantarlar
250ml / 8 fl ons kaynar su
500 ml / 17 fl oz sebze suyu
1 küçük soğan doğranmış
3 diş sarımsak, ezilmiş
350g / 12oz arborio pirinci
½ çay kaşığı kurutulmuş adaçayı
½ çay kaşığı kuru kekik
100g / 4oz dondurulmuş petits pois, çözülmüş
1 küçük domates, doğranmış
50g / 2oz taze rendelenmiş Parmesan peyniri
tuz ve taze çekilmiş karabiber, tatmak

Mantarları bir kaseye koyun ve kaynar suyu dökün. Yumuşayana kadar yaklaşık 15 dakika bekletin. Boşaltın, sıvıyı saklayın. Et suyunu küçük bir tencerede kaynatın. Yavaş pişiriciye dökün ve mantarları ıslatmak için ayrılmış sudan 250 ml ekleyin. Bezelye, domates, Parmesan peyniri ve tuz ve karabiber hariç kalan malzemeleri ekleyin. Örtün ve pirinç al dente olana ve sıvı neredeyse emilene kadar yaklaşık 1¼ saat yüksek ateşte pişirin, son 15 dakikada bezelye ve domatesi ekleyin (pirincin fazla pişmemesi için dikkatlice izleyin). Peyniri ekleyin. Tuz ve karabiberle tatlandırın.

Brokoli ve çam fıstıklı risotto

Çam fıstığını kuru bir tavada hafifçe kızarana kadar kızartabilirsiniz, ancak kolayca yandıkları için onlara dikkat edin.

4 kişilik

750ml / 1¼ pint sebze suyu
1 küçük soğan doğranmış
3 diş sarımsak, ezilmiş
350g / 12oz arborio pirinci
1 çay kaşığı kurutulmuş İtalyan ot çeşnisi
175g / 6oz küçük brokoli çiçeği
1½ ons / 40g kuru üzüm
25g / 1oz kavrulmuş çam fıstığı
50g / 2oz taze rendelenmiş Parmesan peyniri
tuz ve taze çekilmiş karabiber, tatmak

Et suyunu küçük bir tencerede kaynatın. Yavaş pişiriciye dökün. Soğan, sarımsak, pirinç ve otları ekleyin. Kapağı kapatın ve pirinç al dente olana ve sıvı neredeyse emilene kadar yaklaşık 1¼ saat yüksek ateşte pişirin, son 20 dakikada brokoli, kuru üzüm ve çam fıstığını ekleyin (pirincin fazla pişmemesi için dikkatli olun). . Peyniri ekleyin. Tuz ve karabiberle tatlandırın.

Risi Bisi

Risi Bisi'nin risotto mu yoksa kıvamlı bir çorba mı olduğu konusunda görüşler farklılık gösteriyor. İkinci tanıma katılıyorsanız, karışıma koyu bir çorba kıvamı vermek için ek olarak 120–250 ml / 4–8 fl oz et suyu kullanın.

4 kişilik

750ml / 1¼ pint sebze suyu
1 küçük soğan doğranmış
3 diş sarımsak, ezilmiş
350g / 12oz arborio pirinci
2 çay kaşığı kuru fesleğen
8 oz / 225g dondurulmuş petits pois, çözülmüş
50g / 2oz taze rendelenmiş Parmesan peyniri
tuz ve taze çekilmiş karabiber, tatmak

Et suyunu küçük bir tencerede kaynatın. Yavaş pişiriciye dökün. Bezelye, Parmesan peyniri, tuz ve karabiber hariç kalan malzemeleri ekleyin. Örtün ve pirinç al dente olana ve sıvı neredeyse emilene kadar yaklaşık 1¼ saat yüksek ateşte pişirin, son 15 dakikada bezelye ekleyin (pirincin fazla pişmemesi için dikkatlice izleyin). Peyniri ekleyin. Tuz ve karabiberle tatlandırın.

yaz sebzeli risotto

Bir sebze bahçeniz varsa, bu tarif harika yaz ürünlerinizden en iyi şekilde yararlanmanızı sağlayacaktır.

4 kişilik

750ml / 1¼ pint sebze suyu
4 frenk soğanı, dilimlenmiş
3 diş sarımsak, ezilmiş
200g / 7oz doğranmış erik domates
1 çay kaşığı kuru biberiye
1 çay kaşığı kuru kekik
350g / 12oz arborio pirinci
250g / 9oz kabak, küp şeklinde doğranmış
250g / 9oz kabak veya sarı kabak, küp doğranmış
1 ons / 25g taze rendelenmiş Parmesan peyniri
tuz ve taze çekilmiş karabiber, tatmak

Et suyunu küçük bir tencerede kaynatın. Yavaş pişiriciye dökün. Parmesan peyniri, tuz ve karabiber hariç diğer malzemeleri ekleyin. Örtün ve pirinç al dente olana ve sıvı neredeyse emilene kadar yaklaşık 1¼ saat yüksek ateşte pişirin (pirincin fazla pişmemesi için dikkatlice izleyin). Peyniri ekleyin. Tuz ve karabiberle tatlandırın.

Mantarlı ve fesleğenli yumurtalı kek

Kabuksuz bir kiş gibi, hafif bir öğle yemeği veya brunch için bu lezzetli turtayı hazırlayın.

4 kişilik

5 yumurta

25 gr / 1 ons sade un

1/3 çay kaşığı kabartma tozu

¼ çay kaşığı tuz

¼ çay kaşığı biber

225 gr rendelenmiş Monterey Jack peyniri veya hafif çedar peyniri

225g / 8oz süzme peynir

75g / 3oz mantar, dilimlenmiş

¾ çay kaşığı kuru fesleğen

yağlamak, yağlamak

Yumurtaları geniş bir kapta köpürene kadar çırpın. Kombine un, kabartma tozu, tuz ve karabiberi karıştırın. Kalan malzemeleri karıştırın ve yağlanmış yavaş pişiriciye dökün. Örtün ve yaklaşık 4 saat ayarlanana kadar kısık ateşte pişirin. Yavaş pişiriciden servis yapın veya yavaş pişiriciyi çıkarın, bir tel ızgara üzerinde 5 dakika dinlendirin ve bir servis tabağına ters çevirin.

Not: Bu yemek 1¾ pint / 1 litrelik sufle tavasında veya güveçte de pişirilebilir. 5,5 litrelik/9½-pint yavaş pişiricide rafa yerleştirin ve yaklaşık 4½ saat sertleşene kadar pişirin.

Izgara Sebze Pişirme

Izgara dondurulmuş sebzeler - ızgara kırmızı ve sarı biber, kabak ve patlıcan karışımı - bu tarif için Catherine Atkinson'ın bahşişi.

4 kişilik

yağlamak için yumuşatılmış tereyağı veya ayçiçek yağı
6 oz / 175g dondurulmuş kavrulmuş sebze, çözülmüş
1 yumurta
1,5 ml Dijon hardalı
150 ml / ¼ litre süt
2 yemek kaşığı öğütülmüş badem
15 ml taze beyaz galeta unu
50g / 2oz rendelenmiş Gruyère peyniri
tuz ve taze çekilmiş karabiber
25 gr / 1 ons kuşbaşı badem
hizmet etmek için ciabatta veya focaccia ekmeği

Seramik tencerenin tabanına ters çevrilmiş bir tabak veya metal hamur kesici yerleştirin. Yaklaşık 5 cm / 2 inç çok sıcak (kaynar değil) su dökün, ardından yavaş pişiriciyi kısık konuma getirin. 13 ila 15 cm'lik yuvarlak ısıya dayanıklı bir kalıbı tereyağı veya sıvı yağ ile yağlayın. Sebzeleri tabağa koyun. Yumurta ve hardalı çırpın, ardından sütü, öğütülmüş bademleri, galeta ununu ve peyniri ekleyin. Tuz ve karabiber ekleyin, ardından sebzelerin üzerine dikkatlice dökün.

Karışımı yaklaşık bir dakika dinlendirin, ardından üzerine file bademleri serpin. Tepsinin üzerini streç film veya hafif yağlanmış alüminyum folyo ile kaplayın ve tenceredeki tabak veya hamur kesicinin üzerine yerleştirin. Tepsinin yarısına gelecek kadar kaynar su dökün.

Kapağı kapatın ve 2 ila 4 saat veya sebzeler çok yumuşayana ve karışım hafifçe kıvrılana kadar pişirin (ortasına ince bir bıçak veya şiş sokarak kontrol edin; sıcak olmalı ve çok az sıvı olmalıdır). Ciabatta veya focaccia ekmeği ile sıcak servis yapın.

katmanlı lazanya

Hazır bir sos ve önceden pişirilmesi gerekmeyen fırına hazır lazanya yapraklarıyla lazanya yapmak kolaydır. Bu lazanya, doku bakımından hassas ve lezzet bakımından zengindir.

6 için

700 gr / 1½ lbs hazırlanmış fesleğenli domatesli makarna sosu
Önceden pişirmeden 8 yaprak lazanya
550g / 1¼lb ricotta peyniri
275g / 10oz rendelenmiş mozzarella peyniri
1 yumurta
1 çay kaşığı kuru fesleğen
1 ons / 25g taze rendelenmiş Parmesan peyniri

3 ons / 75 g sosu 9 x 5 / 23 x 13 cm'lik bir somun tepsisinin tabanına yayın, üstüne bir lazanya yaprağı ve 3 ons / 75 g Ricotta peyniri ve 1½ ons / 40 g Mozzarella peyniri koyun. Üstte 75g / 3oz sos ile biten katmanları tekrarlayın. Parmesan peyniri serpin. Kutuyu 5,5 litrelik/9½ pint yavaş pişiricide rafa yerleştirin. Örtün ve 4 saat kısık ateşte pişirin. Kalıbı çıkarın ve bir tel ızgara üzerinde 10 dakika soğumaya bırakın. Lazanya merkezde çökük görünebilir, ancak soğudukça daha düzgün hale gelecektir.

Patlıcanlı Makarna Salatası

Balzamik sirke ve limon suyu, bu yaz makarna yemeğine özel bir dokunuş katıyor. Ilık veya oda sıcaklığında servis yapın.

6 için

1 patlıcan, yaklaşık 450g / 1lb
200g / 7oz domates, iri doğranmış
3 frenk soğanı, dilimlenmiş
2 yemek kaşığı balzamik veya kırmızı şarap sirkesi
1 yemek kaşığı zeytinyağı
1-2 çay kaşığı limon suyu
tuz ve taze çekilmiş karabiber
12 oz / 350 gr tam buğday spagetti, pişmiş, oda sıcaklığında
50g / 2oz taze rendelenmiş Parmesan peyniri

Patlıcanı bir çatalla altı ila sekiz kez delin ve yavaş pişiriciye koyun. Örtün ve yumuşayana kadar yaklaşık 4 saat pişirin. İşlenecek kadar soğuyana kadar bekletin. Patlıcanı ortadan ikiye kesin. Hamuru çıkarın ve 2 cm / ¾ parçalar halinde kesin. Patlıcan, domates, soğan, sirke, yağ ve limon suyunu karıştırın. Tuz ve karabiberle tatlandırın. Makarna ve Parmesan peyniri ile karıştırın.

Baharatlı Sebze Makarna

Bu makarna harika bir Meksika lezzetine sahiptir.

6 ila 8 kişilik

6 14 oz / 400 gr kutu doğranmış domates

400g / 14oz kırmızı barbunya fasulyesi, süzülmüş ve durulanmış

175g / 6oz domates püresi

175 ml / 6 fl oz bira veya su

350g / 12oz Quorn veya et aromalı soya kıyması

2 doğranmış soğan

1 doğranmış yeşil biber

2 diş ezilmiş sarımsak

1 yemek kaşığı açık kahverengi şeker

1 yemek kaşığı kakao tozu

1-2 yemek kaşığı pul biber

1-2 çay kaşığı öğütülmüş kimyon

1-2 çay kaşığı kurutulmuş kekik

¼ çay kaşığı öğütülmüş karanfil

175g / 6oz pişmiş dirsek makarna

tuz ve taze çekilmiş karabiber

Makarna, tuz ve karabiber dışındaki tüm malzemeleri 5,5 litrelik yavaş pişiricide birleştirin. Örtün ve 6 ila 8 saat kısık ateşte pişirin, son 30 dakikada makarnayı ekleyin. Tuz ve karabiberle tatlandırın.

peynirli kızarmış ekmek

Bu keskin bira aromalı peynir karışımı, dilimlenmiş jambon veya tavuk göğsü ve tost üzerine kuşkonmaz üzerinde de lezzetli bir şekilde servis edilir.

6 için

225g / 8oz rendelenmiş çedar peyniri
8 oz / 225 gr yumuşak peynir, oda sıcaklığında
250 ml bira
½ çay kaşığı kuru hardal tozu
½ çay kaşığı vejetaryen Worcestershire sosu veya mantar sosu
acı biber, tatmak
6 dilim kızarmış çok tahıllı ekmek
12 dilim domates
süslemek için doğranmış kırmızı biber ve frenk soğanı

Yavaş pişiricide peynir, bira, hardal ve Worcestershire sosunu birleştirin. Örtün ve peynirler eriyene kadar kısık ateşte yaklaşık 2 saat pişirin, pişirme sırasında iki kez karıştırın. Acı biberle tatlandırın. Kızarmış ekmekleri servis tabaklarına dizin. Üzerine dilimlenmiş domatesleri koyun ve üzerine nadir bulunan karışımı dökün. Kırmızı biber ve kıyılmış frenk soğanı serpin.

Makarna ve Domates Güveç

Çocuklar arasında her zaman popüler olan bu kremalı makarna yemeği, lezzetli ve rahatlatıcı bir besindir.

6 için

8 oz / 225g küçük pişmiş makarna
1 lb / 450g doğranmış domates, süzülmüş
1 doğranmış soğan
450 ml / ¾ pint buharlaştırılmış süt
1 yemek kaşığı mısır unu
3 yumurta, hafifçe çırpılmış
50g / 2oz taze rendelenmiş Parmesan peyniri
½ çay kaşığı öğütülmüş tarçın
½ çay kaşığı taze rendelenmiş hindistan cevizi
½ çay kaşığı tuz
süslemek için kırmızı biber

Yavaş pişiricide makarna, domates ve soğanı birleştirin. Biber hariç diğer malzemeleri karıştırıp makarna karışımının üzerine dökün. Örtün ve krema sertleşene kadar yaklaşık 3 saat pişirin. Kırmızı biber serpin.

dört peynirli penne

Mozzarella, çedar, mavi peynir ve Parmesan, bunu peynir ve makarnanın lezzetli bir kombinasyonu haline getiriyor.

8 kişilik

750 ml / 1¼ litre tam yağlı süt
75 gr / 3 ons sade un
50g / 2oz rendelenmiş mozzarella
50g / 2oz rendelenmiş çedar peyniri
100g / 4oz mavi peynir, ufalanmış
50g / 2oz taze rendelenmiş Parmesan peyniri
450g / 1lb penne, al dente pişmiş

Büyük bir kapta süt ve unu pürüzsüz olana kadar karıştırın. 15g/½oz Parmesan peyniri ve makarna hariç kalan malzemeleri ekleyin. Makarnayı ekleyin ve karışımı yavaş pişiriciye dökün. Kalan Parmesan peynirini serpin. Örtün ve 3 saat kısık ateşte pişirin.

Dört Mevsim Sebze Güveç

Bu sağlıklı sebze karışımı için mevsiminde olan sebzeleri kullanın.

4 kişilik

375 ml / 13 fl oz sebze suyu
2 orta boy domates, doğranmış
8 oz / 225g Fransız fasulyesi, ikiye bölünmüş
8 oz / 225g küçük yeni patates, ikiye bölünmüş
2 küçük havuç, dilimlenmiş
2 şalgam, dilimlenmiş
4 frenk soğanı, dilimlenmiş
½ çay kaşığı kurutulmuş mercanköşk
¼ çay kaşığı kuru kekik
Gevrek ve ufalanana kadar kızartılmış 4 vejetaryen 'domuz pastırması' dilimi
100g / 4oz dondurulmuş bezelye, çözülmüş
6 enginar kalbi, dörde bölünmüş
Kısa parçalar halinde kesilmiş 8 kuşkonmaz (5 cm / 2 inç)
2 yemek kaşığı mısır unu
50ml / 2 ons su
tuz ve taze çekilmiş karabiber, tatmak
75g / 3oz pirinç, pişmiş, sıcak

Yavaş pişiricide sebzeli dilimleyiciler, bezelye, enginar göbeği, kuşkonmaz, mısır nişastası, su, tuz, karabiber ve pirinç dışındaki tüm malzemeleri birleştirin. Son 30 dakikada dilimleri, bezelyeleri, enginar kalplerini ve kuşkonmazı ekleyerek kapağı kapatın ve 6 ila 7 saat kısık ateşte pişirin. Mısır unu ve suyu ilave ederek 2-3 dakika karıştırın. Tuz ve karabiberle tatlandırın. Pirinç üzerine servis yapın.

tutum ile Şili

Bir Cincinnati tarifinin bu vejetaryen versiyonunda mercimek biberi, baharatlar ve kakao ile tatlandırılır ve spagetti üzerinde servis edilir.

6 için

450 ml / ¾ pint sebze suyu
400 gr / 14 oz konserve doğranmış domates
75g / 3oz kurutulmuş kırmızı mercimek
1 doğranmış soğan
3 diş sarımsak, ezilmiş
1 çay kaşığı zeytinyağı
½ – 1 yemek kaşığı pul biber
1 yemek kaşığı kakao tozu
½ çay kaşığı öğütülmüş tarçın
¼ çay kaşığı öğütülmüş yenibahar
tuz ve taze çekilmiş karabiber, tatmak
350g / 12oz linguine, pişmiş, ılık
garnitürler: fasulye, doğranmış soğan ve dolmalık biber, rendelenmiş kaşar peyniri

Yavaş pişiricide tuz, karabiber ve linguine dışındaki tüm malzemeleri birleştirin. Örtün ve 6 ila 8 saat boyunca düşük pişirin. Daha koyu bir kıvam tercih ederseniz, son 30 dakika boyunca kapağı açık olarak Yüksek derecede pişirin. Tuz ve karabiberle tatlandırın. Çeşitli garnitürlerle linguini üzerinde servis yapın.

Cobbler Chili Topping ile Karışık Sebzeler

Bu bir biber tarifi ama onsuz da yapılabilir. Poblano biberleri oldukça yumuşaktır, ancak bu tarif aynı zamanda pul biber de içerir, bu nedenle çok acı sevmiyorsanız ne kadar eklediğinize dikkat edin.

6 için

2 14 oz / 400 gr kutu doğranmış domates
400g / 14oz konserve börülce, süzülmüş ve durulanmış
400g / 14oz kırmızı barbunya fasulyesi, süzülmüş ve durulanmış
4 doğranmış soğan
250g kabak veya kabak, soyulmuş ve küp şeklinde doğranmış
1-3 poblano veya hafif chiles, iri kıyılmış
1 kırmızı dolmalık biber, iri kıyılmış
1 sarı dolmalık biber, iri kıyılmış
3 diş sarımsak, ezilmiş
1-3 yemek kaşığı biber tozu veya tadı
1½ – 2 çay kaşığı öğütülmüş kimyon
¾ çay kaşığı kurutulmuş kekik
¾ çay kaşığı kurutulmuş mercanköşk
100g / 4oz bamya, ayıklanmış ve ikiye bölünmüş
tuz ve taze çekilmiş karabiber, tatmak

3 büyük çörek, ikiye bölünmüş

toz biber

50g / 2oz rendelenmiş çedar peyniri

Bamya, tuz, karabiber, çörekler, acı biber ve peynir dışındaki tüm malzemeleri 5,5 litrelik yavaş pişiricide birleştirin. Örtün ve 6 ila 8 saat kısık ateşte pişirin, son 30 dakikada bamya ekleyin. Tuz ve karabiberle tatlandırın. Çörekleri, kenarları aşağı gelecek şekilde karışımın üzerine yerleştirin. Biber tozu ve peynir serpin. Örtün ve peynir eriyene kadar yaklaşık 5 dakika pişirin.

Sebze Güveç

Bu renkli güveç, darı veya sağlıklı kuskus üzerinde servis edilir.

4 kişilik

450 ml / ¾ pint sebze suyu
225g / 8oz mantar, dilimlenmiş
225 gr / 8 ons çiçekli karnabahar
225g / 8oz patates, küp doğranmış
2 soğan, dilimler halinde kesilmiş
2 domates, dilimler halinde kesilmiş
2 diş ezilmiş sarımsak
1 çay kaşığı kuru kekik
1 defne yaprağı
2 küçük kabak, dilimlenmiş
tuz ve taze çekilmiş karabiber, tatmak
175g darı veya kuskus, pişmiş, sıcak

Yavaş pişiricide kabak, tuz, karabiber ve darı veya kuskus dışındaki tüm malzemeleri birleştirin. Örtün ve 6 ila 8 saat kısık ateşte pişirin, son 30 dakikada kabağı ekleyin. Defne yaprağını atın, tuz ve karabiberle tatlandırın ve sığ kaselerde darı veya kuskus üzerinde servis yapın.

Mercimek ile buğday meyveleri

Buğday meyveleri ve mercimek, sağlıklı ve doyurucu bir yemek yapmak için patates ve sebzelerle birleştirilir.

8 kişilik

750ml / 1¼ pint sebze suyu
100 gr / 4 ons buğday meyveleri
75g / 3oz kurutulmuş kahverengi veya yeşil mercimek
700 g / 1½ lb unlu patates, soyulmamış ve küp şeklinde doğranmış
2 doğranmış soğan
1 dilimlenmiş havuç
1 kereviz sapı, dilimlenmiş
4 diş sarımsak, ezilmiş
1 çay kaşığı kurutulmuş karışık otlar
tuz ve taze çekilmiş karabiber, tatmak

Yavaş pişiricide tuz ve karabiber hariç tüm malzemeleri birleştirin. Örtün ve 6 ila 8 saat boyunca düşük pişirin. Tuz ve karabiberle tatlandırın.

Patatesli tatlı ve ekşi balkabağı

Elma şarabı ve balın yanı sıra elma ve tatlı patates, bu ev yapımı sebze güveçine ferahlatıcı tatlı ve ekşi lezzetini verir.

6 için

400 gr / 14 oz konserve doğranmış domates

250 ml elma şarabı

500g / 18oz kabak, soyulmuş ve küp şeklinde doğranmış

500g / 18oz unlu patates

350g / 12oz tatlı patates, soyulmuş ve küp şeklinde doğranmış

2 ekşi yeşil yeme elma, soyulmamış ve dilimlenmiş

175g / 6oz tatlı mısır

150g / 5oz kıyılmış arpacık

½ kırmızı dolmalık biber doğranmış

2 diş ezilmiş sarımsak

1½ yemek kaşığı bal

1½ yemek kaşığı elma sirkesi

1 defne yaprağı

¼ çay kaşığı taze rendelenmiş hindistan cevizi

2 yemek kaşığı mısır unu

50ml / 2 ons su

tuz ve taze çekilmiş karabiber, tatmak

100g / 4oz basmati veya yasemin pirinci, pişmiş, sıcak

Mısır unu, su, tuz, karabiber ve pirinç hariç tüm malzemeleri 5,5 litrelik yavaş pişiricide birleştirin. Örtün ve 6 ila 8 saat boyunca düşük pişirin. Isıyı Yüksek seviyeye getirin ve 10 dakika pişirin. Mısır unu ve suyu ilave ederek 2-3 dakika karıştırın. Defne yaprağını atın. Tuz ve karabiberle tatlandırın. Pirinç üzerine servis yapın.

Cannellini ile Yabani Mantarlar

Üç lezzetli taze mantar çeşidi, bunu harika bir şekilde zengin bir yemek haline getiriyor. Sıcak suda yumuşatılan kurutulmuş mantarlar, daha fazla zenginlik için bazı taze mantarların yerine kullanılabilir.

6 için

3 14 oz / 400 g konserve cannellini fasulyesi, süzülmüş ve durulanmış
250 ml / 8 fl oz sebze suyu
120 ml / 4 fl oz sek beyaz şarap veya sebze suyu
8 ons / 225g portabella mantarı, doğranmış
175g / 6oz shiitake mantarı, dilimlenmiş
8 oz / 225g kahverengi veya düğme mantar, dilimlenmiş
100g pırasa (sadece beyaz kısımlar), dilimlenmiş
1 adet doğranmış kırmızı biber
1 doğranmış soğan
3 büyük diş sarımsak, ezilmiş
½ çay kaşığı kurutulmuş biberiye
½ çay kaşığı kekik
¼ çay kaşığı kıyılmış pul biber
300 gr pazı veya ıspanak, dilimlenmiş
tuz ve taze çekilmiş karabiber, tatmak

polenta

Pazı, tuz, karabiber ve polenta dışındaki tüm malzemeleri 5,5 litrelik yavaş pişiricide birleştirin. Örtün ve 6 ila 7 saat kısık ateşte pişirin, son 15 dakikada pazı ekleyin. Tuz ve karabiberle tatlandırın. Polenta üzerinde servis yapın.

Bulgurlu Sebze Güveç

Besleyici bulgur, mantarların, kök sebzelerin ve biberlerin bu hafif baharatlı karışımını kalınlaştırmaya yardımcı olur. Sıcak Parmesan ekmeği ile servis yapın.

4 kişilik

400 gr / 14 oz konserve doğranmış domates
250 ml / 8 fl oz baharatlı domates suyu
2 büyük havuç, kalın dilimlenmiş
8 oz / 225g kahverengi şapkalı mantar, ikiye bölünmüş
175 gr unlu patates, soyulmamış ve doğranmış
2 doğranmış soğan
1 kırmızı dolmalık biber, kalın dilimlenmiş
1 yeşil dolmalık biber, kalın dilimlenmiş
2-3 diş sarımsak, ezilmiş
50g/2oz bulgur
1 çay kaşığı kuru kekik
1 çay kaşığı kurutulmuş kekik
2 kabak küp
1 kabak empanada veya sarı kabak, küp
tuz ve taze çekilmiş karabiber, tatmak

Yavaş pişiricide kabak, kabak, tuz ve biber dışındaki tüm malzemeleri birleştirin. Örtün ve 4-5 saat yüksek ateşte pişirin, son 30 dakikada kabak ve kabağı ekleyin. Tuz ve karabiberle tatlandırın.

Sebzeli Sarımsaklı Mercimek

Bu mercimek güveci, acı biber, zencefil ve bol miktarda sarımsak ile tatlandırılmıştır. Çok baharatlı ama baharatı beğeninize göre ayarlayabilirsiniz. Ancak güveç pişerken tatların yumuşayacağını unutmayın.

8 kişilik

450 ml / ¾ pint sebze suyu

8 küçük patates, küp

6 soğan, dilimlenmiş

600 gr / 1 lb 6 oz domates, doğranmış

225g / 8oz havuç, doğranmış

225g / 8oz Fransız fasulyesi

75g / 3oz kurutulmuş kahverengi veya yeşil mercimek

1 ila 4 küçük jalapenos veya diğer orta sıcak şili, ezilmiş bir macun veya 1 ila 2 çay kaşığı acı biber

2,5 cm / 1 inç parça taze kök zencefil, ince rendelenmiş

1 çubuk tarçın

10 diş sarımsak

6 tam diş

6 kakule kabuğu, ezilmiş

1 çay kaşığı öğütülmüş zerdeçal

½ çay kaşığı öğütülmüş kuru nane

8 oz / 225g dondurulmuş bezelye, çözülmüş

tatmak için tuz

100 g / 4 oz kuskus ıslatılmış, sıcak

süslemek için doğal yoğurt

Bezelye, tuz ve kuskus dışındaki tüm malzemeleri 5,5 litrelik yavaş pişiricide birleştirin. Örtün ve 6 ila 8 saat kısık ateşte pişirin, son 15 dakikada bezelye ekleyin. Tuzla tatlandırın. Kuskusun üzerine servis yapın ve kaşık yoğurtla süsleyin.

Baharatlı Kuskuslu Mercimek

Dünyevi kahverengi mercimek, yavaş pişiricide mükemmel şekilde pişirilir.

6 için

400 gr / 14 oz konserve doğranmış domates
750ml / 1¼ pint sebze suyu
350g / 12oz kurutulmuş kahverengi mercimek
2 doğranmış soğan
1 adet doğranmış kırmızı veya yeşil dolmalık biber
1 büyük kereviz sapı, doğranmış
1 büyük havuç, doğranmış
1 diş ezilmiş sarımsak
1 çay kaşığı kurutulmuş kekik
½ çay kaşığı öğütülmüş zerdeçal
tuz ve taze çekilmiş karabiber, tatmak
Baharatlı kuskus (aşağıya bakınız)

Tuz, karabiber ve kuskus hariç tüm malzemeleri 5,5 litrelik yavaş pişiricide birleştirin. Örtün ve 6 ila 8 saat boyunca düşük pişirin. Tuz ve karabiberle tatlandırın. Baharatlı kuskus üzerinde servis yapın.

baharatlı kuskus

Kuskus ayrıca büfe veya piknik masasına harika bir ektir.

6 için

2 frenk soğanı, dilimlenmiş
1 diş ezilmiş sarımsak
¼ çay kaşığı kıyılmış pul biber
½ çay kaşığı öğütülmüş zerdeçal
1 çay kaşığı zeytinyağı
300 ml / ½ pint sebze suyu
175g / 6oz kuskus

Soğanlar yumuşayana kadar yaklaşık 3 dakika orta boy bir tavada yeşil soğan, sarımsak, şili gevreği ve zerdeçalı yağda soteleyin. Et suyunu ekleyin. Kaynayana kadar ısıtın. Kuskusu ekleyin. Ateşten alın ve 5 dakika veya et suyu emilene kadar üzeri kapalı olarak bekletin.

Siyah Fasulye ve Sebze Güveç

Püre haline getirilmiş yeşil fasulye, bu yemek için mükemmel kıvamı sağlar.

6 için

375 ml / 13 fl oz sebze suyu

400g / 14oz konserve siyah fasulye, durulanmış ve süzülmüş

400g / 14oz konserve yeşil fasulye, püre haline getirilmiş

400g / 14oz domates, doğranmış

4½ ons / 130g mantar, dilimlenmiş

1 adet dilimlenmiş kabak

1 dilimlenmiş havuç

1 doğranmış soğan

3 diş sarımsak, ezilmiş

2 defne yaprağı

¾ çay kaşığı kuru kekik

¾ çay kaşığı kurutulmuş kekik

100g / 4oz dondurulmuş bezelye, çözülmüş

tuz ve taze çekilmiş karabiber, tatmak

275 gr erişte, pişmiş, sıcak

Yavaş pişiricide bezelye, tuz, karabiber ve erişte dışındaki tüm malzemeleri birleştirin. Örtün ve 4-5 saat yüksek ateşte pişirin, son 15 dakikada bezelye ekleyin. Defne yapraklarını atın. Tuz ve karabiberle tatlandırın. Erişte üzerinde servis yapın.

Fasulye ve Kabak Güveç

Kızarmış bal kabağı ile bu tereyağlı fasulye ve barbunya fasulyesi yemeği, lezzetli bir iyilik için yavaş pişirilir. Ayran ekmeği ile servis yapın.

6 için

2 14 oz / 400 gr kutu doğranmış domates
400g / 14oz kırmızı barbunya fasulyesi, süzülmüş ve durulanmış
400g / 14oz konserve fasulye, süzülmüş ve durulanmış
350g kabak veya kabak, soyulmuş ve küp şeklinde doğranmış
3 doğranmış soğan
1½ yeşil biber, doğranmış
2 diş sarımsak, tercihen kavrulmuş, ezilmiş
½ – ¾ çay kaşığı kurutulmuş İtalyan baharatı
tuz ve taze çekilmiş karabiber, tatmak

Yavaş pişiricide tuz ve karabiber hariç tüm malzemeleri birleştirin. Örtün ve 4 ila 5 saat boyunca yüksek pişirin. Tuz ve karabiberle tatlandırın.

Doyurucu Fasulye ve Ispanaklı Arpa

Nohut ve fasulyeden oluşan bu önemli yemeğe sıcacık kıtır ekmek mükemmel bir eşlikçi olacaktır.

6 için

2,25 litre / 4 litre sebze suyu
75g / 3oz kurutulmuş nohut, süzülmüş ve durulanmış
75g / 3oz fasulye, süzülmüş ve durulanmış
1 ince dilimlenmiş havuç
50 gr / 2 ons inci arpa
175g / 6oz patates, küp doğranmış
1 kabak küp
1 dilimlenmiş soğan
2 diş ezilmiş sarımsak
25g / 1oz pişmiş makarna, pişmiş
150g / 5oz ıspanak, dilimlenmiş
2-4 yemek kaşığı limon suyu
tuz ve taze çekilmiş karabiber, tatmak

Makarna, ıspanak, limon suyu, tuz ve karabiber dışındaki tüm malzemeleri 5,5 litrelik yavaş pişiricide birleştirin. Kaplayın ve fasulyeler yumuşayana kadar 6 ila 8 saat pişirin, son 20 dakikada makarna ve ıspanağı ekleyin. Limon suyu, tuz ve karabiberle tatlandırın.

Tatlı Fasulye Güveç

Elma şarabı, tatlı patates ve kuru üzüm, bu barbunya yemeğine biber ve baharatlarla iyi uyum sağlayan bir tatlılık verir. Ekmek kaşığı ile servis yapın.

8 kişilik

3 14 oz / 400 g konserve barbunya fasulyesi, süzülmüş ve durulanmış

2 14 oz / 400 g kutu Biberli Domates, doğranmış, suyu ile

175ml elma şarabı

2 kırmızı veya yeşil biber, doğranmış

3 doğranmış soğan

250g / 9oz tatlı patates, soyulmuş ve küp şeklinde doğranmış

175 gr / 6 ons kabak

2 diş ezilmiş sarımsak

2 çay kaşığı toz biber

1 çay kaşığı kimyon tohumu, hafifçe ezilmiş

½ çay kaşığı öğütülmüş tarçın

75 gr / 3 ons kuru üzüm

tuz ve taze çekilmiş karabiber, tatmak

Kuru üzüm, tuz ve biber dışındaki tüm malzemeleri 5,5 litrelik yavaş pişiricide birleştirin. Son 30 dakikada kuru üzümleri ekleyerek 6 ila 8 saat boyunca örtün ve düşük pişirin. Tuz ve karabiberle tatlandırın.

Siyah Fasulye ve Ispanak Yahnisi

Daha az müstehcenlik isteniyorsa, bu bol baharatlı yemekteki acı biber ve taze kök zencefil miktarı azaltılabilir.

8 kişilik

3 14 oz / 400 gr kutu siyah fasulye, süzülmüş ve durulanmış
400 gr / 14 oz konserve doğranmış domates
2 doğranmış soğan
1 adet küp şeklinde doğranmış kırmızı dolmalık biber
1 kabak küp
1-2 jalapeños veya diğer orta acı biber, ince kıyılmış
2 diş ezilmiş sarımsak
2,5 cm / 1 inç parça taze kök zencefil, ince rendelenmiş
1-3 çay kaşığı pul biber
1 çay kaşığı öğütülmüş kimyon
½ çay kaşığı acı biber
225 gr / 8 ons ıspanak, dilimlenmiş
tatmak için tuz
100 gr pirinç, pişmiş, sıcak

Yavaş pişiricide ıspanak, tuz ve pirinç dışındaki tüm malzemeleri birleştirin. Örtün ve 6 ila 7 saat kısık ateşte pişirin, son 15 dakikada ıspanağı ekleyin. Tuzla tatlandırın. Pirinç üzerine servis yapın.

Tatlı, Baharatlı ve Baharatlı Sebzeler ve Fasulye

Tatlı baharatlar ve ateşli chiles bu doldurma güvecinde güzel bir şekilde birleşiyor.

6 için

2 14 oz / 400 gr kutu doğranmış domates

400g / 14oz siyah fasulye, süzülmüş ve durulanmış olabilir

400 g / 14 oz konserve barbunya fasulyesi, süzülmüş ve durulanmış

375 ml / 13 fl oz sebze suyu

6 dilimlenmiş havuç

6 mumsu patates, soyulmamış ve küp şeklinde doğranmış

3 doğranmış soğan

1-3 çay kaşığı ince kıyılmış serrano veya diğer acı biberler

2 diş ezilmiş sarımsak

1½ çay kaşığı kurutulmuş kekik

¾ çay kaşığı öğütülmüş tarçın

½ çay kaşığı öğütülmüş karanfil

1 defne yaprağı

1 yemek kaşığı kırmızı şarap sirkesi

tuz ve taze çekilmiş karabiber, tatmak

Tuz ve biber hariç tüm malzemeleri 5,5 litrelik yavaş pişiricide birleştirin. Örtün ve 6 ila 8 saat boyunca düşük pişirin. Defne yaprağını atın. Tuz ve karabiberle tatlandırın.

Köklü Kış Fasulyesi

Siyah fasulye ve tereyağlı fasulye, burada sağlıklı sarımsaklı ekmekle servis edilecek doyurucu bir yemek yapmak için kök sebzelerle pişirilir.

6 için

400g / 14oz siyah fasulye, süzülmüş ve durulanmış olabilir

400g / 14oz konserve fasulye, süzülmüş ve durulanmış

375 ml / 13 fl oz sebze suyu

2 doğranmış soğan

175g / 6oz unlu patates, soyulmuş ve küp şeklinde doğranmış

175g / 6oz tatlı patates, soyulmuş ve küp şeklinde doğranmış

1 büyük domates, dilimler halinde kesilmiş

1 dilimlenmiş havuç

65g / 2½oz yaban havucu, dilimlenmiş

½ doğranmış yeşil biber

2 diş ezilmiş sarımsak

¾ çay kaşığı kurutulmuş adaçayı

2 yemek kaşığı mısır unu

50ml / 2 ons su

tuz ve taze çekilmiş karabiber, tatmak

Yavaş pişiricide mısır unu, su, tuz ve karabiber dışındaki tüm malzemeleri birleştirin. Örtün ve 6 ila 7 saat kısık ateşte pişirin. Mısır unu ve suyu ilave ederek 2-3 dakika karıştırın. Tuz ve karabiberle tatlandırın.

Sebzeli Baharatlı Tofu

Kimyon ve kekik, bu tofu, patates, havuç ve ıspanak karışımını tatlandırır. Tempeh de bu kombinasyonda iyi çalışır ve tofu gibi sağlıklı bir protein seçeneğidir.

4 kişilik

1 litre / 1¾ pint Zengin mantar suyu veya sebze suyu
275g / 10oz sert tofu, küp şeklinde (1cm / ½ inç)
350g / 12oz mumsu patates, soyulmuş ve dilimlenmiş
2 büyük havuç, dilimlenmiş
1 dilimlenmiş soğan
1 kereviz sapı, dilimlenmiş
3 diş sarımsak, ezilmiş
1 defne yaprağı
1 çay kaşığı öğütülmüş kimyon
½ çay kaşığı kuru kekik
10 oz / 275g dondurulmuş doğranmış ıspanak, çözülmüş
15g / ½ ons taze maydanoz, ince kıyılmış
tuz ve taze çekilmiş karabiber, tatmak

Yavaş pişiricide ıspanak, maydanoz, tuz ve karabiber dışındaki tüm malzemeleri birleştirin. Son 20 dakikada ıspanağı ekleyerek 6 ila 7 saat kısık ateşte örtün ve pişirin. Defne yaprağını atın. Tuz ve karabiberle tatlandırın.

Patlıcan, Biber ve Bamya Güveç

Bu baharatlı sebze seçimini kavrulmuş biberli mısır ekmeği ile deneyin.

4 kişilik

400 gr / 14 oz konserve doğranmış domates

250 ml / 8 fl oz sebze suyu

1 büyük havuç, kalın dilimlenmiş

1 kabak, kalın dilimlenmiş

1 küçük patlıcan, soyulmuş ve doğranmış (2,5 cm / 1 inç)

¾ yeşil dolmalık biber, iri kıyılmış

¾ kırmızı dolmalık biber, iri kıyılmış

2 frenk soğanı, dilimlenmiş

4 diş sarımsak, ezilmiş

225g / 8oz taze soğan veya arpacık

100g / 4oz bamya, kesilmiş ve dilimlenmiş

2-3 çay kaşığı tam tahıllı hardal

Tatlandırmak için tabasco sosu, tuz ve taze çekilmiş karabiber

Yavaş pişiricide yeşil soğan, bamya, hardal, Tabasco sosu, tuz ve karabiber hariç tüm malzemeleri birleştirin. Örtün ve 6 ila 8 saat kısık ateşte pişirin, son bir saat taze soğan veya arpacık ve son 30 dakika bamya ekleyin. Hardal, Tabasco sosu, tuz ve karabiberle tatlandırın.

Peynirli İtalyan Sebzeli Tortellini

Taze tortellini, domates sosunda dolmalık biber, mantar ve fesleğen ile harika bir tat ve pişirme için sadece birkaç dakika alır.

4 kişilik

400g / 14oz konserve domates

400 ml / 14 fl oz sebze suyu

75g / 3oz mantar, dilimlenmiş

1 yeşil dolmalık biber dilimler halinde kesilmiş

1 ince doğranmış soğan

¼ çay kaşığı yenibahar

1 çay kaşığı kuru fesleğen

4 küçük kabak, küp doğranmış

tuz ve taze çekilmiş karabiber, tatmak

250 gr taze peynirli tortellini, pişmiş, sıcak

Yavaş pişiricide kabak, tuz, karabiber ve tortellini hariç tüm malzemeleri birleştirin. Örtün ve 4-5 saat yüksek ateşte pişirin, son 30 dakikada kabağı ekleyin. Tuz ve karabiberle tatlandırın. Sığ kaselerde tortellini üzerinde servis yapın.

Kolombiyalı Nohut

Tatlı mısır, bezelye ve kök sebzeler, taze kişniş ile vurgulanan bir tat karışımına katkıda bulunur.

8 kişilik

2 14 oz / 400 gr kutu doğranmış domates
400 g / 14 oz konserve nohut, süzülmüş ve durulanmış
375 ml / 13 fl oz sebze suyu
120 ml / 4 fl oz sek beyaz şarap veya sebze suyu
4 patates, soyulmuş ve küp şeklinde
4 havuç, kalın dilimlenmiş
4 kereviz sapı, kalın dilimlenmiş
2 doğranmış soğan
100g / 4oz tatlı mısır, donmuşsa çözülmüş
4 diş sarımsak, ezilmiş
2 defne yaprağı
1 tatlı kaşığı kuru kimyon
¾ çay kaşığı kurutulmuş kekik
1½ yemek kaşığı beyaz şarap sirkesi
100g / 4oz dondurulmuş bezelye, çözülmüş
1 ons / 25g taze kişniş, doğranmış
tuz ve taze çekilmiş karabiber, tatmak

Bezelye, kişniş, tuz ve karabiber dışındaki tüm malzemeleri 5,5 litrelik yavaş pişiricide birleştirin. Örtün ve 4-5 saat yüksek ateşte pişirin, son 15 dakikada bezelye ekleyin. Kişnişi ekleyin. Defne yapraklarını atın. Tuz ve karabiberle tatlandırın.

Arjantin sebzeleri

Geleneksel bir yemeğin bu vejetaryen versiyonu, pek çok tatlı ve ekşi tada ve taze şeftalilerden elde edilen lezzetli bir meyveye sahiptir.

12 kişilik

2 14 oz / 400 gr kutu doğranmış domates

450 ml / ¾ pint sebze suyu

120 ml sek beyaz şarap (isteğe bağlı)

500g / 18oz patates, soyulmuş ve küp şeklinde doğranmış

500g / 18oz tatlı patates veya kabak, soyulmuş ve küp şeklinde doğranmış

4 kırmızı soğan, iri kıyılmış

1 büyük yeşil dolmalık biber, doğranmış

5 diş ezilmiş sarımsak

2 yemek kaşığı esmer şeker

2 yemek kaşığı beyaz şarap sirkesi

2 defne yaprağı

1 çay kaşığı kurutulmuş kekik

Her biri 4 cm / 1½ parçaya bölünmüş 6 mısır koçanı

1 pound / 450g kabak, kalın dilimlenmiş

6 küçük şeftali, soyulmuş ve ikiye bölünmüş

tuz ve taze çekilmiş karabiber, tatmak

Mısır, kabak, şeftali, tuz ve biber dışındaki tüm malzemeleri 5,5 litrelik yavaş pişiricide birleştirin. Son 20 dakikada mısır, kabak ve şeftalileri ekleyerek 6 ila 8 saat boyunca örtün ve kısık ateşte pişirin. Defne yapraklarını atın. Tuz ve karabiberle tatlandırın.

Fasulye ve Makarna Güveç

Bu geleneksel yemek, çorba ve güveç karışımıdır; kalın, zengin ve lezzetlidir.

6 için

400g / 14oz cannellini fasulyesi, süzülmüş ve durulanmış
400 g / 14 oz konserve İtalyan erik domates, doğranmış
450 ml / ¾ pint sebze suyu
1 büyük havuç, dilimlenmiş
1 büyük kereviz sapı, dilimlenmiş
2 doğranmış soğan
1 diş ezilmiş sarımsak
½ çay kaşığı kurutulmuş kekik
½ çay kaşığı kuru fesleğen
75g / 3oz pişmiş makarna, pişmiş
tuz ve taze çekilmiş karabiber, tatmak
taze rendelenmiş parmesan peyniri

Yavaş pişiricide makarna, tuz, karabiber ve peynir dışındaki tüm malzemeleri birleştirin. Örtün ve 4-5 saat yüksek ateşte pişirin, son 15 dakikada makarnayı ekleyin. Tuz ve karabiberle tatlandırın. Parmesan peynirini serpmek için geçirin.

Közlenmiş biber ve kremalı polenta ile nohut

Nohutlara hızlı bir lezzet katmak için hazırlanmış bir domates sosu ve bir kavanozdan közlenmiş kırmızı biber kullanın. Yavaş Pişirici Polenta da bu tarifte kullanılabilir.

4 kişilik

400 g / 14 oz konserve nohut, süzülmüş ve durulanmış
400 gr / 14 oz hazır domates sosu
400g / 14oz konserve domates
200g / 7oz kavrulmuş kırmızı biber, bir kavanozdan, süzülmüş ve doğranmış
1 doğranmış soğan
1 diş ezilmiş sarımsak
1 çay kaşığı kurutulmuş İtalyan ot çeşnisi
1 kabak küp
tuz ve taze çekilmiş karabiber, tatmak
1 ons / 25g taze rendelenmiş Parmesan peyniri
mikrodalga polenta

Yavaş pişiricide kabak, tuz, biber, peynir ve Mikrodalgaya Uygun Polenta hariç tüm malzemeleri birleştirin. Örtün ve 2-3 saat yüksek ateşte pişirin, son 30 dakikada kabağı ekleyin. Tuz ve karabiberle tatlandırın. Parmesan peynirini mikrodalga polentaya ekleyin. Güveci mikrodalgada pişirilebilen polenta üzerinde servis edin.

Feta aioli ile Ratatouille

Yunan beyaz peyniri, bu Akdeniz güvecine hoş bir dokunuş katıyor.

4 kişilik

2 14 oz / 400 gr kutu doğranmış domates
1 patlıcan küp
2 ince doğranmış soğan
1 sarı dolmalık biber, dilimlenmiş
3 diş sarımsak, ezilmiş
2 çay kaşığı kurutulmuş İtalyan otu çeşnisi
2 küçük kabak, ikiye bölünmüş ve ince dilimlenmiş
tuz ve taze çekilmiş karabiber, tatmak
Feta Alioli (aşağıya bakınız)

Yavaş pişiricide kabak, tuz, karabiber ve Feta Alioli dışındaki tüm malzemeleri birleştirin. Örtün ve 4-5 saat yüksek ateşte pişirin, son 30 dakikada kabağı ekleyin. Tuz ve karabiberle tatlandırın. Feta Alioli ile servis yapın.

beyaz peynirli aioli

Beyaz peynir bu aioli'ye lezzetli bir tuzlu asitlik katar.

4 kişilik

1 ons / 25g beyaz peynir, ufalanmış
50 ml / 2 fl oz mayonez
2-3 diş sarımsak, ezilmiş

Tüm malzemeleri pürüzsüz olana kadar bir mutfak robotu veya karıştırıcıda işleyin.

Körili bamya ve kuskuslu tatlı mısır

Lezzet vurguları sağlamak için bu baharatlı sebzeleri çeşitli taraflarla servis edin.

4 kişilik

250 ml / 8 fl oz sebze suyu
8 oz / 225g bamya, üstleri kesilmiş
100g / 4oz tatlı mısır, donmuşsa çözülmüş
75g / 3oz mantar, dilimlenmiş
2 doğranmış soğan
2 dilimlenmiş havuç
2 doğranmış domates
1 diş ezilmiş sarımsak
1½ çay kaşığı köri tozu
100g / 4oz kuskus
tuz ve taze çekilmiş karabiber, tatmak
eşlik: doğal yoğurt, kuru üzüm, doğranmış salatalık, yer fıstığı ve doğranmış domates

Yavaş pişiricide kuskus, tuz ve karabiber dışındaki tüm malzemeleri birleştirin. Örtün ve 4 ila 5 saat boyunca yüksek pişirin. Kuskusu ekleyin ve ocağı kapatın. Örtün ve 5 ila 10 dakika bekletin. Tuz ve karabiberle tatlandırın. Eşliklerle servis yapın.

sebze tajin

Fas mutfağında, taginler geleneksel olarak taginler olarak da adlandırılan kil kaplarda kuskusun güveç üzerinde buharla pişirilmesiyle pişirilir. Yavaş pişiren versiyon, sebzelerin tüm lezzetini korur. Kuskusu ayrı olarak pişirin ve servis yapmak için sıcak tutun.

6 için

2 14 oz / 400 gr kutu doğranmış domates
400 g / 14 oz konserve nohut, süzülmüş ve durulanmış
120 ml / 4 fl oz sebze suyu veya portakal suyu
200g / 7oz Fransız fasulyesi, kısa parçalar halinde kesilmiş
175g / 6oz Balkabagi veya meşe palamudu kabağı, doğranmış
150g / 5oz şalgam veya şalgam, doğranmış
175 gr çekirdeksiz kuru erik, doğranmış
1 doğranmış soğan
1 dilimlenmiş havuç
1 kereviz sapı, dilimlenmiş
1–2 cm / ½ – ¾ parçalar halinde taze kök zencefil, ince rendelenmiş
1 diş ezilmiş sarımsak
1 çubuk tarçın
2 çay kaşığı kırmızı biber

2 çay kaşığı öğütülmüş kimyon

2 çay kaşığı öğütülmüş kişniş

1½ ons / 40g çekirdeksiz küçük siyah zeytin

tuz ve taze çekilmiş karabiber, tatmak

225 gr kuskus, pişmiş, sıcak

Siyah zeytin, tuz, karabiber ve kuskus dışındaki tüm malzemeleri 5,5 litrelik yavaş pişiricide birleştirin. Örtün ve 4-5 saat yüksek ateşte pişirin, son 30 dakikada zeytinleri ekleyin. Tuz ve karabiberle tatlandırın. Kuskusun üzerine servis yapın.

İspanyol tofu

Akdeniz'in renklerini ve tatlarını bir araya getiren nefis bir yemek. Quorn ile de iyi çalışırdı.

4 kişilik

400 gr / 14 oz konserve doğranmış domates
175 ml / 6 fl oz sebze suyu
275g / 10oz sert tofu, küp şeklinde (2,5cm / 1 inç)
2 doğranmış soğan
1 kabak, doğranmış
100g / 4 ons mantar
1 büyük havuç, dilimlenmiş
1 diş ezilmiş sarımsak
1 şerit portakal kabuğu
½ çay kaşığı kuru kekik
½ çay kaşığı kurutulmuş kekik
2 yemek kaşığı mısır unu
50ml / 2 ons su
tuz ve taze çekilmiş karabiber, tatmak
75g / 3oz kuskus veya pirinç, pişmiş, sıcak

Yavaş pişiricide mısır unu, su, tuz, karabiber ve kuskus veya pirinç dışındaki tüm malzemeleri birleştirin. Örtün ve 6 ila 7 saat kısık ateşte pişirin. Mısır unu ve suyu ilave ederek 2-3 dakika karıştırın. Tuz ve karabiberle tatlandırın. Kuskus veya pirinç üzerinde servis yapın.

kuskus ile sebze karışımı

Bu Fas favorisi, baharatlı tatlar ve sebzelerle doludur.

12 kişilik

3 14 oz / 400 gr konserve nohut, süzülmüş ve durulanmış
450–750 ml / ¾ – 1¼ litre sebze suyu
1 küçük lahana, 12 parçaya bölünmüş
1 büyük patlıcan, küp
225g / 8oz havuç, dilimlenmiş
225g / 8oz küçük patates, küp şeklinde doğranmış
225g / 8oz şalgam, küp şeklinde doğranmış
225g / 8oz Fransız fasulyesi, kısa parçalar halinde kesilmiş
8 ons / 225g Balkabagi veya kabak, soyulmuş ve küp şeklinde doğranmış
4 domates, dörde bölünmüş
3 doğranmış soğan
3 diş sarımsak, ezilmiş
2 çay kaşığı öğütülmüş tarçın
1 çay kaşığı kırmızı biber
½ çay kaşığı öğütülmüş zencefil

½ çay kaşığı öğütülmüş zerdeçal

10 oz / 275g konserve enginar göbeği, süzülmüş, dörde bölünmüş

75 gr / 3 ons kuru üzüm

25g / 1oz kıyılmış maydanoz

tuz ve acı biber, tatmak

450 gr kuskus, pişmiş, sıcak

Fasulyeleri, et suyunu, taze sebzeleri, sarımsağı ve baharatları 5,5 litrelik yavaş pişiricide birleştirin. Son 30 dakikada enginar göbeği, kuru üzüm ve maydanozu ilave ederek üzerini kapatın ve kısık ateşte 5-7 saat pişirin. Tuz ve acı biberle tatlandırın. Kuskusun üzerine servis yapın.

Afrika Tatlı Patates Güveç

Baharatlı bir sarımsak ezmesi bu nohut, tatlı patates ve bamya güvecini tatlandırıyor.

6 için

2 400g konserve nohut, süzülmüş ve durulanmış
2 14 oz / 400 gr kutu doğranmış domates
375 ml / 13 fl oz sebze suyu
700 gr / 1½ lb tatlı patates, soyulmuş ve küp şeklinde doğranmış
2 soğan, ince dilimlenmiş
Sarımsaklı Baharat Ezmesi (aşağıya bakınız)
175g / 6oz bamya, ayıklanmış ve kısa parçalar halinde kesilmiş
tuz ve taze çekilmiş karabiber, tatmak
Tabasco sosu, tatmak
175 gr kuskus, pişmiş, sıcak

Bamya, tuz, karabiber, Tabasco sosu ve kuskus hariç tüm malzemeleri 5,5 litrelik yavaş pişiricide birleştirin. Son 45 dakikada bamyayı ilave ederek üzerini kapatarak 4-5 saat yüksek ateşte pişirin. Tuz, karabiber ve Tabasco sos ile tatlandırın. Kuskusun üzerine servis yapın.

sarımsak baharat ezmesi

Baharatlı güveçler için yararlı bir macun, özellikle vejeteryan olanlar.

6 için

6 diş sarımsak
2 x 5mm / ¼ dilimlenmiş taze kök zencefil
2 çay kaşığı kırmızı biber
2 çay kaşığı kimyon tohumu
½ çay kaşığı öğütülmüş tarçın
1-2 yemek kaşığı zeytinyağı

Tüm malzemeleri pürüzsüz olana kadar bir mutfak robotu veya karıştırıcıda işleyin. Veya sarımsağı ezin ve zencefili ince ince rendeleyin, ardından diğer malzemelerle birlikte ezerek bir macun yapın.

sebze straganofu

Soğuk kış geceleri için içinizi ısıtacak bir tabak. İstenirse, patateslerden biri için şalgam, yaban havucu veya şalgam değiştirin.

6 için

375 ml / 13 fl oz sebze suyu

225g / 8oz mantar, ikiye bölünmüş

3 soğan, ince dilimlenmiş

2 unlu patates, soyulmuş ve küp şeklinde doğranmış

2 tatlı patates, soyulmuş ve küp şeklinde doğranmış

1 yemek kaşığı kuru toz hardal

1 kaşık şeker

100g / 4oz dondurulmuş bezelye, çözülmüş

250 ml / 8 fl oz ekşi krema

2 yemek kaşığı mısır unu
tuz ve taze çekilmiş karabiber, tatmak
275 gr erişte, pişmiş, sıcak

Bezelye, ekşi krema, mısır unu, tuz, karabiber ve erişte hariç tüm malzemeleri 5,5 litrelik yavaş pişiricide birleştirin. Örtün ve 6 ila 8 saat kısık ateşte pişirin, son 30 dakikada bezelye ekleyin. Kombine ekşi krema ve mısır unu ekleyin, 2 ila 3 dakika karıştırın. Tuz ve karabiberle tatlandırın. Erişte üzerinde servis yapın.

Gerçek patates püresi ile lahana yahnisi

Taze rezene, taze kök zencefil ve elmanın belirgin aromatik vurguları, bu lahana ve patlıcan güvecini özellikle lezzetli kılar.

6 için

550 g / 1¼ lb patlıcan, kuşbaşı (2,5 cm / 1 inç)
450 ml / ¾ pint sebze suyu
900g / 2lb lahana, ince dilimlenmiş
2 doğranmış soğan
½ rezene soğanı veya 1 kereviz sapı, ince dilimlenmiş
3 büyük diş sarımsak, ezilmiş
2,5 cm / 1 inç parça taze kök zencefil, ince rendelenmiş
1 çay kaşığı rezene tohumu, ezilmiş

2 yemek elma, soyulmuş ve iri doğranmış
250 ml / 8 fl oz ekşi krema
2 yemek kaşığı mısır unu
tuz ve taze çekilmiş karabiber, tatmak
kraliyet patates püresi

Elma, ekşi krema, mısır unu, tuz, karabiber ve Kraliyet Patates Püresi dışındaki malzemeleri 5,5 litrelik yavaş pişiricide birleştirin. Örtün ve 6 ila 8 saat kısık ateşte pişirin, son 20 dakikada elmaları ekleyin. Isıyı Yüksek seviyeye getirin ve 10 dakika pişirin. Kombine ekşi krema ve mısır unu ekleyin, 2 ila 3 dakika karıştırın. Tuz ve karabiberle tatlandırın. Sığ kaselerde gerçek patates püresi üzerinde servis yapın.

kabak ve patates gulaş

Bu gulaş, erişte yerine ıspanaklı pilavla da lezzetli olur.

6 için

14 oz / 400g konserve domates, doğranmış

250 ml / 8 fl oz sebze suyu

120 ml / 4 fl oz sek beyaz şarap veya ekstra sebze suyu

500g / 18oz kabak, soyulmuş ve küp şeklinde doğranmış

500g / 18oz unlu patates, soyulmuş ve küp şeklinde doğranmış

1½ kırmızı biber, doğranmış

1½ yeşil biber, doğranmış

2 soğan, iri kıyılmış

1 diş ezilmiş sarımsak

1-2 çay kaşığı kimyon tohumu, hafifçe ezilmiş

3 yemek kaşığı kırmızı biber

250 ml / 8 fl oz ekşi krema

2 yemek kaşığı mısır unu

tuz ve taze çekilmiş karabiber, tatmak

275g / 10oz geniş erişte, pişmiş, sıcak

Kırmızı biber, ekşi krema, mısır unu, tuz, karabiber ve erişte hariç tüm malzemeleri 5,5 litrelik yavaş pişiricide birleştirin. Örtün ve 6 ila 8 saat boyunca düşük pişirin. 2 ila 3 dakika karıştırarak kırmızı biber ve kombine ekşi krema ve mısır unu ekleyin. Tuz ve karabiberle tatlandırın. Erişte üzerinde servis yapın.

Akçaağaç V ile Yulaf Ezmesi

Siz uyurken kahvaltının pişmesine izin verin - bu şimdiye kadarki en iyi kahvaltı!

4 ila 6 porsiyon için

100g / 4oz toplu yulaf

1 litre / 1¾ pint su

175g / 6oz akçaağaç şurubu,

3 oz / 75 gr kurutulmuş meyve, doğranmış

20 gr / ¾ ons tereyağı veya margarin

½ çay kaşığı tuz

Yavaş pişiricideki tüm malzemeleri birleştirin. Örtün ve 6 ila 8 saat boyunca düşük pişirin.

Çok tahıllı kahvaltı gevreği

Sizi güne hazırlamak için güçlü malzemelerle dolu bir kahvaltı gevreği.

4 ila 6 porsiyon için

50g / 2oz yulaf, toplu iğne başı ile
25 gr / 1 ons yulaf
25g / 1oz buğday meyveleri
1 litre / 1¾ pint su
175g / 6oz akçaağaç şurubu,
3 oz / 75 gr kurutulmuş meyve, doğranmış
20 gr / ¾ ons tereyağı veya margarin
½ çay kaşığı tuz
40 gr darı veya kinoa

Darı veya kinoa hariç tüm malzemeleri yavaş pişiricide birleştirin. Örtün ve 6 ila 8 saat boyunca düşük pişirin. Darı veya kinoayı küçük bir tavada orta ateşte kızartın ve yavaş pişiriciye karıştırın. Örtün ve 1 saat daha kısık ateşte pişirin.

tıknaz elma sosu

Et, av eti veya yağlı balıkların yanında veya pudingli keklerin üzeri olarak sıcak veya soğuk olarak servis edilir.

6 için

1,5 kg / 3 lb elma, soyulmuş ve iri doğranmış
150 ml / ¼ litre su
100g / 4oz pudra şekeri
öğütülmüş tarçın

Tarçın hariç tüm malzemeleri yavaş ocakta birleştirin. Elmalar çok yumuşak olana kadar örtün ve yüksekte pişirin ve karıştırıldığında 2 ila 2 1/2 saat bir sos oluşturun. Tarçın serpip servis yapın.

Sahte hollandaise soslu enginar

Sahte hollandaise sosu da kuşkonmaz, brokoli veya karnabaharın üzerine servis edilir.

4 kişilik

4 küçük bütün enginar, sapları çıkarılmış
1 adet dörde bölünmüş limon
175ml / 6 ons su
Sahte hollandaise sosu (aşağıya bakın)

Enginarın üst kısmından 1 parmak kesin ve atın. Her enginarın üzerine bir dilim limon sıkın ve yavaş pişiriciye atın. Yavaş pişiriciye 2,5 cm / 1 su ekleyin. Enginarlar yumuşayana kadar (alttaki yapraklar kolayca pul pul dökülecek), 3½ ila 4 saat arasında örtün ve yüksek ateşte pişirin. Enginarları çıkarın ve sıcak kalmaları için alüminyum folyo ile kaplayın. Yavaş pişiricideki suyu atın. Sahte hollandaise sosu hazırlayın ve batırmak için enginarlarla birlikte servis yapın.

Simüle Hollandaise Sosu

Bu tezgah üzerinde de yapılabilir. Malzemeleri küçük bir tavada orta-düşük ateşte pürüzsüz olana kadar karıştırarak pişirin.

4 kişilik

175 gr / 6 oz yumuşak peynir, oda sıcaklığında
75 ml / 2½ fl oz ekşi krema
3-4 yemek kaşığı yarım yağlı süt
1-2 çay kaşığı limon suyu
½ – 1 çay kaşığı Dijon hardalı
bir tutam öğütülmüş zerdeçal (isteğe bağlı)

Tüm malzemeleri yavaş pişiriciye yerleştirin. Örtün ve peynir eriyene ve karışım ılık olana kadar yaklaşık 10 dakika yüksekte pişirin, karıştırmak için bir veya iki kez karıştırın.

İtalyan Kuşkonmaz ve Beyaz Fasulye

Izgara veya kavrulmuş etlerin yanında servis edilebilecek önemli bir garnitür.

8 kişilik

400g / 14oz cannellini fasulyesi, süzülmüş ve durulanmış
175 ml / 6 fl oz sebze suyu
14 ons / 400g erik domates, doğranmış
1 büyük havuç, doğranmış
1 çay kaşığı kuru biberiye
450 gr / 1 lb kuşkonmaz, dilimlenmiş (5 cm / 2 inç)
tuz ve taze çekilmiş karabiber
225 gr linguine veya ince spagetti, pişmiş, sıcak
25–50 gr / 1–2 ons taze rendelenmiş Parmesan peyniri

Yavaş pişiricide fasulye, et suyu, domates, havuç ve biberiyeyi birleştirin. Örtün ve yüksek ateşte havuçlar yumuşayana kadar yaklaşık 3 saat pişirin ve son 30 dakikada kuşkonmaz ekleyin. Tuz ve karabiberle tatlandırın. Linguine ve peynirle karıştırın.

Yunan Usulü Fransız Fasulyesi

Taze fasulye, domates, otlar ve sarımsakla pişirilir.

8 ila 10 kişilik

450 gr / 1 pound Fransız fasulyesi
2 14 oz / 400 gr kutu doğranmış domates
1 doğranmış soğan
4 diş sarımsak, ezilmiş
¾ çay kaşığı kurutulmuş kekik
¾ çay kaşığı kuru fesleğen
tuz ve taze çekilmiş karabiber

Yavaş pişiricide tuz ve karabiber hariç tüm malzemeleri birleştirin. Örtün ve fasulyeler yumuşayana kadar yaklaşık 4 saat yüksekte pişirin. Tuz ve karabiberle tatlandırın.

Oryantal Fransız Fasulyesi

Et veya kümes hayvanlarının yanında servis edilebilecek harika bir yemek.

4 kişilik

275g / 10oz Fransız fasulyesi, ikiye bölünmüş
½ doğranmış soğan
¼ doğranmış kırmızı dolmalık biber
2 cm / ¾ parça taze kök zencefil, ince rendelenmiş
2 diş ezilmiş sarımsak
120ml / 4 ons su
5 oz / 150g konserve siyah veya aduki fasulyesi, süzülmüş
50g / 2oz dilimlenmiş su kestanesi
1 yemek kaşığı pirinç şarabı sirkesi
1-2 çay kaşığı tamari
tuz ve taze çekilmiş karabiber

Yavaş pişiricide fasulye, soğan, dolmalık biber, zencefil, sarımsak ve suyu birleştirin. Örtün ve Fransız fasulyeleri yumuşayana kadar yaklaşık 1 1/2 saat yüksekte pişirin. Tahliye etmek. Tuz ve karabiber hariç diğer malzemeleri ekleyin. Örtün ve yüksek ateşte 30 dakika pişirin. Tuz ve karabiberle tatlandırın.

Fransız Fasulye Güveç

Taze malzemeler, bu eski favoriyi daha sağlıklı bir biçimde mümkün kılar.

6 için

11 oz / 300 g konserve Mantar Kreması Kreması
120ml ekşi krema
50 ml / 2 fl oz yarım yağlı süt
10 oz / 275g dondurulmuş dilimlenmiş Fransız fasulyesi, çözülmüş
tuz ve taze çekilmiş karabiber
½ su bardağı konserve kızarmış soğan

Yavaş pişiricide çorba, ekşi krema ve sütü birleştirin. Fransız fasulyelerini ekleyin. Örtün ve 4 ila 6 saat boyunca düşük pişirin. Tuz ve karabiberle tatlandırın. Servis yapmadan hemen önce soğanları ekleyin.

Yüce Yeşil Fasulye

Önceki tarifin lüks bir varyasyonu.

6 için

3 ons / 75g kahverengi şapkalı mantar, dilimlenmiş
1 yemek kaşığı tereyağ veya zeytinyağı
2 frenk soğanı, ince dilimlenmiş
11 oz / 300 g konserve Mantar Kreması Kreması
120ml ekşi krema
50 ml / 2 fl oz yarım yağlı süt
10 oz / 275g dondurulmuş dilimlenmiş Fransız fasulyesi, çözülmüş
tuz ve taze çekilmiş karabiber
4 dilim gevrek pişmiş domuz pastırması, ufalanmış

Mantarları yumuşayana kadar tereyağı veya zeytinyağında soteleyin. Yavaş pişiricide mantar, soğan, çorba, ekşi krema ve sütü birleştirin. Fransız fasulyelerini ekleyin. Örtün ve 4 ila 6 saat boyunca düşük pişirin. Tuz ve karabiberle tatlandırın. Servis yapmadan hemen önce pastırma ekleyin.

Santa Fe Kuru Fasulye

Bu pişmiş fasulye keskin, tatlı ve baharatlıdır. Tercih ettiğiniz ısı seviyesi için chiles miktarlarını değiştirin!

8 kişilik

2 doğranmış soğan
½ poblano veya diğer hafif şili veya küçük yeşil dolmalık biber, doğranmış
½ – 1 serrano veya jalapeno biberi, ince kıyılmış
2 14 oz / 400 g konserve barbunya fasulyesi, süzülmüş ve durulanmış
100g / 4oz tatlı mısır, donmuşsa çözülmüş
6 güneşte kurutulmuş domates (yağda değil), yumuşatılmış ve dilimlenmiş
2-3 yemek kaşığı bal
½ çay kaşığı öğütülmüş kimyon

½ çay kaşığı kuru kekik

3 defne yaprağı

tuz ve taze çekilmiş karabiber, tatmak

50g / 2oz beyaz peynir, ufalanmış

15g / ½ ons taze kişniş, ince kıyılmış

Yavaş pişiricide tuz, biber, peynir ve kişniş dışındaki tüm malzemeleri birleştirin. Tuz ve karabiberle tatlandırın. Örtün ve 5 ila 6 saat kısık ateşte pişirin, son 30 dakika boyunca peynir ve taze kişniş serpin.

Toskana Fasulyesi Fırında

Cannellini çekirdekleri limon kokuludur ve bu kolay fırında güneşte kurutulmuş domates, sarımsak ve bitkilerle tatlandırılır.

6 için

3 14 oz / 400 gr konserve cannellini fasulyesi

250 ml / 8 fl oz sebze suyu

1 doğranmış soğan

½ kırmızı dolmalık biber doğranmış

2 diş ezilmiş sarımsak

1 çay kaşığı kuru adaçayı

1 çay kaşığı kuru biberiye

2-3 çay kaşığı limon kabuğu rendesi

6 güneşte kurutulmuş domates (yağda değil), yumuşatılmış ve dilimlenmiş

tuz ve taze çekilmiş karabiber, tatmak

Yavaş pişiricide tuz ve karabiber hariç tüm malzemeleri birleştirin. Örtün ve fasulye kalınlaşana kadar 5 ila 6 saat kadar düşük pişirin. Tuz ve karabiberle tatlandırın.

Brezilyalı Siyah Fasulye Fırında

Brezilya'nın şenlikli tatları bu dayanılmaz yemekte bir araya geliyor.

12 kişilik

4 doğranmış soğan

1 ila 2 yemek kaşığı ince kıyılmış jalapeno veya diğer orta acı biber

2,5–5 cm / 1–2 inç adet taze kök zencefil, ince rendelenmiş

4 14 oz / 400 gr kutu siyah fasulye, süzülmüş ve durulanmış

2 14 oz / 400 gr kutu doğranmış domates

175 gr / 6 ons bal
100g / 4oz açık kahverengi şeker
¾ çay kaşığı kuru kekik
¾ çay kaşığı öğütülmüş kimyon
tuz ve taze çekilmiş karabiber, tatmak
½ mango, dilimlenmiş
½ muz, dilimlenmiş

Yavaş pişiricide tuz, biber, mango ve muz dışındaki tüm malzemeleri birleştirin. Tuz ve karabiberle tatlandırın. Örtün ve fasulye kalınlaşana kadar 5 ila 6 saat kadar düşük pişirin. Servis yapmadan önce mango ve muzla süsleyin.

Zencefil Fırında Fasulye

Yavaş pişirme, bu özel tatlı baharatlı fasulye ve zencefil yemeğine iyilik katar.

2 ila 4 porsiyon için

3 doğranmış soğan
5-7,5 cm / 2-3 inç taze zencefil kökü, ince kıyılmış
3-4 diş sarımsak, ezilmiş
4 14 oz / 400 gr konserve cannellini fasulyesi, süzülmüş ve durulanmış

100g / 4oz açık kahverengi şeker
175 gr / 6 oz hazır domates sosu
175 gr / 6 ons altın şurubu
1 çay kaşığı kuru hardal tozu
1 çay kaşığı öğütülmüş zencefil
1 çay kaşığı kuru kekik
¼ çay kaşığı öğütülmüş tarçın
¼ çay kaşığı öğütülmüş yenibahar
2 defne yaprağı
taze çekilmiş karabiber, tatmak
50g / 2oz zencefilli kurabiye, kabaca ezilmiş

Biber ve zencefil kırıntıları dışındaki tüm malzemeleri yavaş ocakta birleştirin. Biberle tatlandırın. Örtün ve kalınlaşana kadar yaklaşık 6 saat kısık ateşte pişirin, son bir saat zencefil kırıntılarını karıştırın. Defne yapraklarını atın.

Dijon pancarı

Hardal, pancarın dünyevi tadıyla inanılmaz derecede iyi eşleşir. Yaban turpu hardalı, tam buğday hardalı veya bal gibi farklı hardalları da deneyebilirsiniz.

4 kişilik

450g / 1lb pancar, soyulmuş ve doğranmış (1cm / ½ inç)
1 küçük soğan ince doğranmış
2 diş ezilmiş sarımsak
75 ml / 2½ fl oz ekşi krema
1 yemek kaşığı mısır unu
2 yemek kaşığı Dijon hardalı
2-3 çay kaşığı limon suyu
tuz ve beyaz biber, tatmak

Yavaş pişiricide pancar, soğan, sarımsak ve ekşi kremayı birleştirin. Örtün ve pancarlar yumuşayana kadar yaklaşık 2 saat yüksek ateşte pişirin. Kombine mısır unu, hardal ve limon suyunu 2 ila 3 dakika karıştırarak ekleyin. Tuz ve karabiberle tatlandırın.

ballı pancar

Pancarlar, kabukları açıkken pişirilirse kolayca soyulur; sadece soğuk suyla durulayın ve cilt çıkarılabilir. Daha sonra fındık ve kuru meyvelerle tatlı ve ekşi bir karışımda tekrar pişirin.

6 için

700 gr / 1½ lb orta boy pancar, soyulmamış

450 ml / ¾ litre sıcak su

½ kırmızı soğan, çok ince kıyılmış

2 diş ezilmiş sarımsak

40 gr kuş üzümü veya kuru üzüm

3-4 yemek kaşığı kavrulmuş ceviz

75 gr / 3 ons bal

2-3 yemek kaşığı kırmızı şarap sirkesi

1 yemek kaşığı tereyağı

tuz ve taze çekilmiş karabiber, tatmak

Yavaş pişiricide pancarları ve suyu birleştirin. Örtün ve pancarlar yumuşayana kadar 2 ila 2 1/2 saat yüksekte pişirin. Tahliye etmek. Pancarı soyun ve 2 cm / ¾ küpler halinde kesin. Yavaş pişiricide pancarları ve tuz ve karabiber dışındaki diğer malzemeleri birleştirin. Örtün ve 20 ila 30 dakika yüksekte pişirin. Tuz ve karabiberle tatlandırın.

Şekerli Brüksel Lahanası ve Frenk Soğanı

Küçük turşu soğanları, bu kolay yemekte Brüksel lahanası ile harika bir tada sahiptir. Çabuk soymak için önce soğanları kaynar suda 1 dakika haşlayın.

4 ila 6 porsiyon için

225g / 8oz küçük Brüksel lahanası, büyükse ikiye bölünmüş

225g / 8 ons taze soğan

375 ml / 13 fl oz sıcak su

15g / ½ ons tereyağı

50g / 2 ons pudra şekeri

tuz ve beyaz biber, tatmak

Yavaş pişiricide Brüksel lahanası, soğan ve suyu birleştirin. Örtün ve yaklaşık 2 saat yumuşayana kadar yüksek ateşte pişirin. Tahliye etmek. Tereyağı ve şekeri ekleyin. Örtün ve yaklaşık 10 dakika sırlanana kadar yüksek ateşte pişirin. Tuz ve karabiberle tatlandırın.

Şarapta Haşlanmış Lahana

Anason ve kimyon tohumları, çıtır çıtır pişmiş pastırma ile lahanaya ayrı bir lezzet katıyor.

4 ila 6 porsiyon için

1 lahana, ince dilimlenmiş
2 küçük doğranmış soğan
½ doğranmış yeşil biber
3 diş sarımsak, ezilmiş
½ çay kaşığı kimyon tohumu, ezilmiş
½ çay kaşığı anason tohumu, ezilmiş
50 ml / 2 fl oz sebze suyu
50 ml / 2 fl oz sek beyaz şarap
2 dilim domuz pastırması, doğranmış, çıtır çıtır olana kadar pişirilir ve süzülür
tuz ve taze çekilmiş karabiber, tatmak

Pastırma, tuz ve karabiber dışındaki tüm malzemeleri yavaş ocakta birleştirin. Örtün ve lahana yumuşayana kadar 3 ila 4 saat yüksekte pişirin. Pastırmayı ekleyin. Tuz ve karabiberle tatlandırın.

kremalı lahana

Pazar rostosu için harika bir eşlik, özellikle domuz eti, ama aynı zamanda vejetaryen fındık kızartmaları.

4 ila 6 porsiyon için

1 lahana, ince dilimlenmiş
2 küçük doğranmış soğan
½ doğranmış yeşil biber
3 diş sarımsak, ezilmiş
½ çay kaşığı kimyon tohumu, ezilmiş
½ çay kaşığı anason tohumu, ezilmiş
50 ml / 2 fl oz sebze suyu
50 ml / 2 fl oz sek beyaz şarap
120ml ekşi krema
1 yemek kaşığı mısır unu
tuz ve taze çekilmiş karabiber, tatmak

Yavaş pişiricide ekşi krema, mısır unu, tuz ve karabiber dışındaki tüm malzemeleri birleştirin. Örtün ve lahana yumuşayana kadar 3 ila 4 saat yüksekte pişirin. Kombine ekşi krema ve mısır unu ekleyin. Örtün ve 5 ila 10 dakika kısık ateşte pişirin. Tuz ve karabiberle tatlandırın.

Zencefilli havuç püresi

Bu geleneksel Fransız sebze püresi yavaş pişiricide kolayca yapılabilir. Yoğun bir tada ve kadifemsi bir dokuya sahiptir.

6 ila 8 kişilik

900g / 2lb havuç, dilimlenmiş
350g / 12oz unlu patates, soyulmuş ve küp şeklinde doğranmış
250 ml / 8 fl oz su
15-25 gr / ½ - 1 ons tereyağı veya margarin
50-120 ml / 2-4 fl oz yarım yağlı süt, ılık
½ çay kaşığı öğütülmüş zencefil
tuz ve taze çekilmiş karabiber, tatmak

Yavaş pişiricide havuç, patates ve suyu birleştirin. Örtün ve sebzeler çok yumuşayana kadar yaklaşık 3 saat yüksek ateşte pişirin. İyice süzün. Havuç ve patatesi bir mutfak robotunda veya blenderda pürüzsüz olana kadar işleyin. Yavaş pişiriciye dönün. Karışım çok kalın olana kadar, ara sıra karıştırarak yaklaşık 30 dakika, üstü açık, yüksek ateşte pişirin. Tereyağı veya margarini ve yeteri kadar sütü karışıma ekleyerek kremsi bir kıvam elde edene kadar çırpın. Öğütülmüş zencefili ekleyin. Tuz ve karabiberle tatlandırın.

Karnabahar ve Rezene Püresi

Karnabaharı hazırlamanın en kolay yolu onu küçük çiçeklerine ayırmaktır.

6 ila 8 kişilik

900 gr / 2 lb karnabahar, dilimlenmiş
350g / 12oz unlu patates, soyulmuş ve küp şeklinde doğranmış
250 ml / 8 fl oz su
15-25 gr / ½ - 1 ons tereyağı veya margarin
50-120 ml / 2-4 fl oz yarım yağlı süt, ılık
1-1½ çay kaşığı ezilmiş kimyon veya rezene tohumu
tuz ve taze çekilmiş karabiber, tatmak

Yavaş pişiricide karnabahar, patates ve suyu birleştirin. Örtün ve sebzeler çok yumuşayana kadar yaklaşık 3 saat yüksek ateşte pişirin. İyice süzün. Karnabahar ve patatesi bir mutfak robotunda veya blenderda pürüzsüz olana kadar işleyin. Yavaş pişiriciye dönün. Karışım çok kalın olana kadar, ara sıra karıştırarak yaklaşık 30 dakika, üstü açık, yüksek ateşte pişirin. Tereyağı veya margarini ve yeteri kadar sütü karışıma ekleyerek kremsi bir kıvam elde edene kadar çırpın. Rezene veya kimyon tohumlarını ekleyin. Tuz ve karabiberle tatlandırın.

kereviz püresi

Kereviz, kereviz kökü olarak da bilinir.

6 ila 8 kişilik

900g / 2lb kereviz, dilimlenmiş
350g / 12oz unlu patates, soyulmuş ve küp şeklinde doğranmış
250 ml / 8 fl oz su
15-25 gr / ½ - 1 ons tereyağı veya margarin
50-120 ml / 2-4 fl oz yarım yağlı süt, ılık
tuz ve taze çekilmiş karabiber, tatmak

Yavaş pişiricide kereviz, patates ve suyu birleştirin. Örtün ve sebzeler çok yumuşayana kadar yaklaşık 3 saat yüksek ateşte pişirin. İyice süzün. Kereviz ve patatesi bir mutfak robotunda veya blenderda pürüzsüz olana kadar işleyin. Yavaş pişiriciye dönün. Karışım çok kalın olana kadar, yaklaşık 30 dakika, ara sıra karıştırarak, yüksek ateşte kapağı açık olarak pişirin. Tereyağı veya margarini ve yeteri kadar sütü karışıma ekleyerek kremsi bir kıvam elde edene kadar çırpın. Tuz ve karabiberle tatlandırın.

Otlu Brokoli Püresi

Brokoliyi çiçeklere ayırarak ve ardından daha sert sapları kısa parçalara ayırarak hazırlayın.

6 ila 8 kişilik

900g / 2lb brokoli, dilimlenmiş

350g / 12oz unlu patates, soyulmuş ve küp şeklinde doğranmış

250 ml / 8 fl oz su

15–25 gr / ½ – 1 ons tereyağı veya margarin

50–120 ml / 2–4 fl oz yarım yağlı süt, ılık

½ çay kaşığı kurutulmuş mercanköşk

½ çay kaşığı kuru kekik

tuz ve taze çekilmiş karabiber, tatmak

Yavaş pişiricide brokoli, patates ve suyu birleştirin. Örtün ve sebzeler çok yumuşayana kadar yaklaşık 3 saat yüksek ateşte pişirin. İyice süzün. Brokoliyi ve patatesi bir mutfak robotunda veya blenderda pürüzsüz olana kadar işleyin. Yavaş pişiriciye dönün. Karışım çok kalın olana kadar, ara sıra karıştırarak yaklaşık 30 dakika, üstü açık, yüksek ateşte pişirin. Tereyağı veya margarini ve yeteri kadar sütü karışıma ekleyerek kremsi bir kıvam elde edene kadar çırpın. Mercanköşk ve kekiği ekleyin. Tuz ve karabiberle tatlandırın.

Turuncu sırlı bebek havuç

Havuç için baharatlı bir sır hoş bir değişiklik yapar. Tatlı patates veya pancar ile de lezzetlidir.

4 kişilik

450 gr / 1 lb bebek havuç
175 ml / 6 fl oz portakal suyu
15g / ½ ons tereyağı
100g / 4oz açık kahverengi şeker
½ çay kaşığı öğütülmüş tarçın
¼ çay kaşığı öğütülmüş topuz
2 yemek kaşığı mısır unu
50ml / 2 ons su
tuz ve beyaz biber, tatmak

Yavaş pişiricide mısır unu, su, tuz ve beyaz biber dışındaki tüm malzemeleri birleştirin. Örtün ve havuçlar yumuşayana kadar yaklaşık 3 saat yüksek ateşte pişirin. Isıyı yükseğe çevirin ve 10 dakika pişirin. Mısır unu ve suyu ilave ederek 2-3 dakika karıştırın. Tuz ve karabiberle tatlandırın.

www.ingramcontent.com/pod-product-compliance
Lightning Source LLC
Chambersburg PA
CBHW070414120526
44590CB00014B/1396